범죄피해 진술조력

김동혁·임낭연

Crime Victim

박영사

머리말

진술조력인 제도는 취약한 범죄피해자나 목격자들로부터 범죄 피해와 관련된 정확한 정보를 얻으면서도 이들이 2차 피해로 고통받는 것을 방지하기 위하여 도입된 제도이다. 이미 세계적으로 여러 국가에서 도입하여 진술조력인들이 활동하고 있다. 우리나라에서도 그 역사가 길지는 않지만, 진술조력인 제도가 도입되어 실제 현장에서 취약한 범죄피해자들을 돕고 있다. 사회가 성숙해지고 선진화될수록 약자에 대한 배려는 보다 강화된다는 점에서 대한민국에서 진술조력인들이 활동하고 있다는 점은 고무적이다.

이 책은 진술조력인 제도와 관련한 심리적, 법적 내용을 포괄적으로 다루었다. 먼저 진술조력인 제도는 심리적으로 취약한 범죄피해자를 돕기 위한 제도이다. 따라서 진술조력인이 그 역할을 잘 이행하고 제도가 도입된 목적이 잘 달성되도록 하기 위해서는 정책을 만들고 적용하는 사람들이 심리적으로 취약한 피해자가 지니는 심리적인 특성에 대하여 충분하고도 정확한 이해를 갖추어야 한다. 한편, 진술조력인이 취약한 피해자를 돕는 목적은 사법시스템이 효율적으로 작동할 수 있도록 취약한 피해자에게서도 양질의 정보를 얻어내고, 이를 재판에서 증거로 사용할 수 있도록 하기 위함이다. 즉, 진술조력인은 사법시스템 안에서 일한다. 따라서 진술조력인에 대한 온전한 이해를 갖기 위해서는 제도와 관련된 정확한 법적 지식 또한 갖추어야 한다.

이 책에서는 우리나라의 진술조력인 제도와 관련된 전반적 사항뿐 아니라 해외 여러 나라의 진술조력인 제도에 관한 내용도 다루었다. 진술조력인 제도가 가지는 주요 취지는 여러 나라에서 대체로 유사하다. 약자에 대한 보호이다. 그러나 그 나라가 가진 철학이나 가치관에 따라 진술조력인이 담당하는 역할과 권한의 한계, 진술조력인을 선발하고 양성하는 제도 등에서 조금씩의 차이가 나타난다. 이처럼 대한민국의 진술조력인 제도와 함께 다른 여러 나라의 진술조력인 제도에 대하여 함께 알아봄으로써 보다 폭넓은 시야를 지니는데 도움이 되도록 하였다. 이로 인해 대한민국의 진술조력인 제도가 가진 장단점을 보다 객관적으로 파악하고, 앞으로 발전을 도모하기 위해서는 어떠한 측면이 달라져야 하는지에 대하여 균형 잡힌 시각을 가질 수 있도록 하는 것이 그 목적이다.

　우리나라에서도 이미 많은 진술조력인들이 활동하고 있으며 꾸준히 새로운 진술조력인들을 더 채용하여 그 수가 점차 많아지고 있다. 그럼에도 아직 대다수의 사람에게 진술조력인이라는 직업과 진술조력인 제도는 알려지지 않은 생소한 이름이다. 이 책의 독자들은 진술조력인 제도의 중요성 및 진술조력인의 역할에 대하여 충분한 이해를 갖게 되기를 바란다.

2018년 8월
저자 씀

차 례

진술조력인 관련 법령 핵심조항

C•O•N•T•E•N•T•S

성폭력범죄의 처벌 등에 관한 특례법

제30조(영상물의 촬영보존 등)

① 성폭력범죄의 피해자가 19세 미만이거나 신체적인 또는 정신적인 장애로 사물을 변별하거나 의사를 결정할 능력이 미약한 경우에는 피해자의 진술 내용과 조사 과정을 비디오녹화기 등 영상물 녹화장치로 촬영·보존하여야 한다.

② 제1항에 따른 영상물 녹화는 피해자 또는 법정대리인이 이를 원하지 아니하는 의사를 표시한 경우에는 촬영을 하여서는 아니 된다. 다만, 가해자가 친권자 중 일방인 경우는 그러하지 아니하다.

③ 제1항에 따른 영상물 녹화는 조사의 개시부터 종료까지의 전 과정 및 객관적 정황을 녹화하여야 하고, 녹화가 완료된 때에는 지체 없이 그 원본을 피해자 또는 변호사 앞에서 봉인하고 피해자로 하여금 기명날인 또는 서명하게 하여야 한다.

④ 검사 또는 사법경찰관은 피해자가 제1항의 녹화장소에 도착한 시각, 녹화를 시작하고 마친 시각, 그 밖에 녹화과정의 진행경과를 확인하기 위하여 필요한 사항을 조서 또는 별도의 서면에 기록한 후 수사기록에 편철하여야 한다.

⑤ 검사 또는 사법경찰관은 피해자 또는 법정대리인이 신청하는 경우에는 영상물을 촬영과정에서 작성한 조서의 사본을 신청인에게 발급하거나 영상물을 재생하여 시청하게 하여야 한다.

⑥ 제1항에 따라 촬영한 영상물에 수록된 피해자의 진술은 공판준비기일 또는 공

판 기일에 피해자나 조사 과정에 동석하였던 신뢰관계에 있는 사람 또는 진술
조력인의 진술에 의하여 그 성립의 진정함이 인정된 경우에 증거로 할 수 있다.

⑦ 누구든지 제1항에 따라 촬영한 영상물을 수사 및 재판의 용도 외에 다른 목적
으로 사용하여서는 아니 된다.

제33조(전문가의 의견 조회)

① 법원은 정신건강의학과의사, 심리학자, 사회복지학자, 그 밖의 관련 전문가로
부터 행위자 또는 피해자의 정신·심리 상태에 대한 진단 소견 및 피해자의 진
술 내용에 관한 의견을 조회할 수 있다.

② 법원은 성폭력범죄를 조사·심리할 때에는 제1항에 따른 의견 조회의 결과를
고려하여야 한다.

③ 법원은 법원행정처장이 정하는 관련 전문가 후보자 중에서 제1항에 따른 전문
가를 지정하여야 한다.

④ 제1항부터 제3항까지의 규정은 수사기관이 성폭력범죄를 수사하는 경우에 준
용한다. 다만, 피해자가 13세 미만이거나 신체적인 또는 정신적인 장애로 사물
을 변별하거나 의사를 결정할 능력이 미약한 경우에는 관련 전문가에게 피해자
의 정신·심리 상태에 대한 진단 소견 및 진술 내용에 관한 의견을 조회하여야
한다.

⑤ 제4항에 따라 준용할 경우 "법원행정처장"은 "검찰총장 또는 경찰청장"으로 본다.

제35조(진술조력인 양성 등)

① 법무부장관은 의사소통 및 의사표현에 어려움이 있는 성폭력범죄의 피해자에
대한 형사사법절차에서의 조력을 위하여 진술조력인을 양성하여야 한다.

② 진술조력인은 정신건강의학, 심리학, 사회복지학, 교육학 등 아동·장애인의

심리나 의사소통 관련 전문지식이 있거나 관련 분야에서 상당 기간 종사한 사람으로 법무부장관이 정하는 교육을 이수하여야 한다. 진술조력인의 자격이나 양성 등에 관하여 필요한 사항은 법무부령으로 정한다.

③ 법무부장관은 제1항에 따라 양성한 진술조력인 명부를 작성하여야 한다.

제36조(진술조력인의 수사과정 참여)

① 검사 또는 사법경찰관은 성폭력범죄의 피해자가 13세 미만의 아동이거나 신체적인 또는 정신적인 장애로 의사소통이나 의사표현에 어려움이 있는 경우 원활한 조사를 위하여 직권이나 피해자, 그 법정대리인 또는 변호사의 신청에 따라 진술조력인으로 하여금 조사과정에 참여하여 의사소통을 중개하거나 보조하게 할 수 있다. 다만, 피해자 또는 그 법정대리인이 이를 원하지 아니하는 의사를 표시한 경우에는 그러하지 아니하다.

② 검사 또는 사법경찰관은 제1항의 피해자를 조사하기 전에 피해자, 법정대리인 또는 변호사에게 진술조력인에 의한 의사소통 중개나 보조를 신청할 수 있음을 고지하여야 한다.

③ 진술조력인은 조사 전에 피해자를 면담하여 진술조력인 조력 필요성에 관하여 평가한 의견을 수사기관에 제출할 수 있다.

④ 제1항에 따라 조사과정에 참여한 진술조력인은 피해자의 의사소통이나 표현 능력, 특성 등에 관한 의견을 수사기관이나 법원에 제출할 수 있다.

⑤ 제1항부터 제4항까지의 규정은 검증에 관하여 준용한다.

⑥ 그 밖에 진술조력인의 수사절차 참여에 관한 절차와 방법 등 필요한 사항은 법무부령으로 정한다.

제37조(진술조력인의 재판과정 참여)

① 법원은 성폭력범죄의 피해자가 13세 미만 아동이거나 신체적인 또는 정신적인 장애로 의사소통이나 의사표현에 어려움이 있는 경우 원활한 증인 신문을 위하여 직권 또는 검사, 피해자, 그 법정대리인 및 변호사의 신청에 의한 결정으로 진술조력인으로 하여금 증인 신문에 참여하여 중개하거나 보조하게 할 수 있다.

② 법원은 증인이 제1항에 해당하는 경우에는 신문 전에 피해자, 법정대리인 및 변호사에게 진술조력인에 의한 의사소통 중개나 보조를 신청할 수 있음을 고지하여야 한다.

③ 진술조력인의 소송절차 참여에 관한 구체적 절차와 방법은 대법원규칙으로 정한다.

제38조(진술조력인의 의무)

① 진술조력인은 수사 및 재판 과정에 참여함에 있어 중립적인 지위에서 상호간의 진술이 왜곡 없이 전달될 수 있도록 노력하여야 한다.

② 진술조력인은 그 직무상 알게 된 피해자의 주소, 성명, 나이, 직업, 학교, 용모, 그 밖에 피해자를 특정하여 파악할 수 있게 하는 인적사항과 사진 및 사생활에 관한 비밀을 공개하거나 다른 사람에게 누설하여서는 아니 된다.

제39조(벌칙적용에 있어서 공무원의 의제)

① 진술조력인은 「형법」 제129조부터 제132조까지에 따른 벌칙의 적용에 있어서 이를 공무원으로 본다.

02

성폭력범죄 등 사건의 심리·재판 및
피해자 보호에 관한 규칙

제17조(진술조력인의 재판과정 참여 신청)

① 「성폭력범죄의 처벌 등에 관한 특례법」 제37조 제1항(다른 법률에서 위 규정을 준용하는 경우를 포함한다. 이하 같다)에 따른 진술조력인 재판과정 참여의 신청은 기일에서 하는 경우를 제외하고는 서면으로 하여야 한다.

② 제1항의 신청을 할 때에는 신청 이유를 밝혀야 한다.

제18조(신청권의 고지)

① 법원은 증인이 「성폭력범죄의 처벌 등에 관한 특례법」 제37조 제1항에 해당하는 경우, 증인신문 전에 구두 또는 서면에 의하여 피해자, 법정대리인 및 변호사(제4조 제1항에서 정한 서류가 법원에 제출된 경우에 한한다)에게 「성폭력범죄의 처벌 등에 관한 특례법」 제37조 제1항의 신청권이 있음을 고지하여야 한다.

② 「성폭력범죄의 처벌 등에 관한 특례법」 제37조 제2항(다른 법률에서 위 규정을 준용하는 경우를 포함한다. 이하 같다)에 따른 고지를 한 때에는 법원사무관등을 참여시켜 조서를 작성하게 하거나 피해자, 법정대리인 및 변호사로 하여금 확인서 기타 서면을 작성하게 하여야 한다.

제19조(진술조력인의 선정)

① 법원이 성폭력범죄의 처벌 등에 관한 특례법 제37조 제1항에 따라 진술조력인
으로 하여금 증인신문에 참여하여 중개하거나 보조하게 하는 경우에는 그 증인
신문 전에 진술조력인을 선정하여야 한다.

② 1항의 경우 법원은 「진술조력인의 선정 등에 관한 규칙」에 따라 자격이 인정된
진술조력인을 선정한다. 다만, 당해 피해자에 대한 조사과정에 참여한 진술조
력인이 있는 경우 특별한 사정이 없는 한 그 진술조력인을 선정한다.

③ 제1항 및 제2항에 따라 진술조력인을 선정하는 경우 다음 각 호의 어느 하나에
해당하는 사람은 당해 사건의 진술조력인으로 선정하여서는 아니 된다.

 1. 피고인 또는 피해자의 친족 또는 친족 관계에 있었던 사람
 2. 피고인 또는 피해자의 법정대리인
 3. 피고인의 대리인 또는 변호인
 4. 피해자의 대리인 또는 변호사
 5. 진술조력인 선정은 선정이 취소되지 않는 한 재판이 확정될 때까지 효력이 있다.

제20조(선정의 취소 등)

① 법원은 다음 각 호의 어느 하나에 해당하는 경우 당해 사건의 진술조력인 선정을
취소할 수 있다. 다만, 제1호 및 제2호의 경우에는 그 선정을 취소하여야 한다.

 1. 「진술조력인의 선정 등에 관한 규칙」에 따라 진술조력인 자격이 취소된 경우
 2. 제19조 제3항 각 호에서 정한 선정 금지 사유가 발견된 경우
 3. 피해자, 법정대리인 또는 변호사가 진술조력인 선정의 취소를 요청하고 그 요
청에 상당한 이유가 있는 경우
 4. 진술조력인이 사임의 의사를 표시하고 이에 상당한 이유가 있는 경우
 5. 진술조력인이 그 업무를 성실하게 수행하지 아니하는 경우
 6. 그 밖에 진술조력인 업무를 수행하기 어려운 중대한 사유가 발생한 경우

② 법원은 진술조력인의 선정을 취소한 경우 지체 없이 진술조력인에게 통지하여야
한다.

③ 법원은 제1항에 따라 진술조력인 선정을 취소한 경우 제19조에 따라 진술조력인을 다시 선정할 수 있다.

④ 제4조 제2항의 규정은 제2항의 통지에 준용한다.

제21조(진술조력인 참여 기일의 통지)

① 법원은 제19조에 따라 진술조력인이 선정된 경우 진술조력인에게 참여하여 중개 · 보조할 기일을 통지하여야 한다.

② 제1항의 통지를 한 때에는 검사 및 피고인 또는 변호인에게도 해당 기일에 진술조력인이 참여하여 중개 · 보조할 예정이라는 취지를 통지하여야 한다.

③ 제4조 제2항의 규정은 제1항 및 제2항의 통지에 준용한다.

제22조(진술조력인의 좌석)

① 진술조력인은 증인의 좌석에 가까운 곳에 위치한다.

② 제1항의 규정에도 불구하고, 재판장은 법정의 구조 등을 고려하여 진술조력인의 좌석의 위치 및 방향을 달리 정할 수 있다.

제23조(진술조력인의 중개 · 보조)

① 법원은 필요한 경우 공판준비기일 또는 공판기일에서 검사, 변호인 및 진술조력인과 다음 각 호의 사항에 관하여 협의할 수 있다.

1. 증인이 이해할 수 있는 증인신문의 방식
2. 증인이 이해하지 못하거나 휴식이 필요할 때 법원에 알리는 방식
3. 그 밖에 진술조력인에 의한 증인의 의사소통이나 의사표현의 중개 · 보조에 필요한 사항

② 진술조력인은 증인이 의사소통에 어려움이 있어 신문의 취지를 이해하지 못하는 사정이 있는 경우 재판장의 허가를 받아 증인에게 질문의 요지를 설명할 수 있다.

③ 제2항의 경우 진술조력인은 재판장의 허가를 받아 검사, 피고인 또는 변호인에게 신문의 취지를 질문하거나 신문사항의 수정을 요청할 수 있다.

④ 진술조력인은 증인이 의사표현에 어려움이 있는 경우 재판장의 허가를 받아 증인의 진술을 소송관계인이 이해할 수 있는 방식으로 진술할 수 있다.

⑤ 진술조력인이 제2항부터 제4항까지의 규정에 따라 증인의 의사소통이나 의사표현을 중개·보조하는 경우 법원, 검사, 피고인 또는 변호인의 신문이나 증인의 진술의 취지를 변경하여서는 아니 된다.

⑥ 재판장은 진술조력인의 중개·보조의 정확성과 공정성을 확인하기 위하여 진술조력인에게 질문할 수 있다.

⑦ 합의부원은 재판장에게 알리고 제6항의 행위를 할 수 있다.

⑧ 검사, 피고인 또는 변호인은 진술조력인의 중개·보조의 정확성과 공정성을 확인하기 위하여 재판장의 허가를 받아 진술조력인에게 질문할 수 있다.

제24조(조서의 기재)

진술조력인을 증인신문에 참여하게 한 때에는 공판조서에 진술조력인의 성명, 출석여부 및 진술조력인을 통하여 증인과의 의사소통을 중개 또는 보조하도록 하였다는 취지를 기재하여야 한다.

제26조(비디오 등 중계장치에 의한 신문)

① 피해자 등을 증인으로 신문함에 있어 비디오 등 중계장치에 의한 신문여부의 결정 및 그 증인신문의 절차와 방법 등은 「형사소송규칙」 제84조의 4부터 제

84조의 8까지의 규정을 준용한다.

② 법원은 비디오 등 중계장치에 의한 중계시설을 통하여 증인신문을 하는 경우, 성폭력 범죄의 처벌 등에 관한 특례법 제37조 제1항에 따라 진술조력인으로 하여금 증인신문에 참여하여 중개하거나 보조하게 할 때에는 진술조력인을 증언실에 동석하게 한다.

진술조력인의 선정 등에 관한 규칙

•O•N•T•E•N•T•S

01

제정이유 및 주요내용

진술조력인 제도는 의사표현 등에 어려움이 있는 성폭력범죄의 피해자에게 형사사법절차에서 도움을 주기 위하여 도입되어 운영되고 있는데, 아동학대범죄의 피해아동에 대해서도 진술조력인 제도를 통하여 지원할 수 있도록 하는 등의 내용으로 「아동학대범죄의 처벌 등에 관한 특례법」이 제정(법률 제12341호, 2014. 1. 28. 공포, 9. 29. 시행)됨에 따라, 아동학대범죄의 피해아동을 위해서도 진술조력인을 선정할 수 있도록 하는 등 진술조력인 선정절차 등 관련 규정을 정비하는 한편, 현행 제도의 운영상 나타난 일부 미비점을 개선·보완하여 진술조력인의 선정 등에 관한 별도의 규칙을 제정하려는 것임.

총 칙

제1조(목적)

이 규칙은 「성폭력범죄의 처벌 등에 관한 특례법」 제35조 및 제36조(「아동학대범죄의 처벌 등에 관한 특례법」 제17조에서 준용하는 경우를 포함한다)에 따른 진술조력인의 자격, 양성 및 수사절차 참여 등에 필요한 사항을 정함을 목적으로 한다.

제2조(적용 범위 등)

① 이 규칙은 「아동학대범죄의 처벌 등에 관한 특례법」 제17조에서 준용하는 「성폭력범죄의 처벌 등에 관한 특례법」(이하 "법"이라 한다) 제35조에 따른 진술조력인에 대해서도 적용한다.

② 이 규칙에서 법 제35조·제36조 또는 제38조를 인용하고 있는 경우에는 「아동학대범죄의 처벌 등에 관한 특례법」 제17조에서 준용하는 경우를 포함하는 것으로 보아 해당 규정을 적용한다.

03

진술조력인 양성 및 자격

제3조(진술조력인 양성 교육)

① 법무부장관은 진술조력인을 양성하기 위하여 법 제35조 제2항 전단에 따른 아동·장애인의 심리나 의사소통에 관한 전문지식 또는 관련 분야에 종사한 경력이 있는 사람을 대상으로 다음 각 호의 내용이 포함된 교육 과정을 운영하여야 한다.

  1. 사법절차 과정

  2. 아동·장애인 피해자에 대한 진술조력 과정

  3. 실습 과정

② 제4조 제3호에 해당하는 교육 대상자에 대해서는 제1항 각 호의 내용 중 일부를 생략할 수 있다.

제4조(진술조력인 교육 대상자의 선발)

 법무부장관은 다음 각 호의 어느 하나에 해당하는 사람 중에서 제3조 제1항에 따른 교육 대상자를 선발한다.

  1. 아동·장애인의 심리나 의사소통 관련 분야의 실무 경험이 있는 사람

  2. 임상심리학, 언어병리학, 정신병리학, 발달정신병리학, 발달심리학, 심리치료, 언어치료, 그 밖에 이와 유사한 전문 지식을 갖춘 사람

  3. 아동·장애인의 심리나 의사소통 관련 분야 전문가로서 전문수사자문위원 또

는 전문심리자문위원으로 활동한 경험이 있는 사람

4. 그 밖에 법무부장관이 정하는 사람

제5조(진술조력인 자격의 부여)

① 법무부장관은 제3조에 따른 교육 과정을 이수한 사람에게 진술조력인 자격을 부여할 수 있다.

② 법무부장관은 제1항에 따라 진술조력인 자격을 부여한 때에는 진술조력인마다 별지 제1호 서식의 자격 부여 대장을 작성하여 보관하여야 한다.

제6조(결격사유)

다음 각 호의 어느 하나에 해당하는 사람은 진술조력인 자격을 취득할 수 없다.

1. 피성년후견인 또는 피한정후견인
2. 금고 이상의 형을 선고받고 그 집행이 끝나거나 그 집행을 받지 아니하기로 확정된 후 5년이 지나지 아니한 사람
3. 금고 이상의 형의 집행을 유예받고 그 유예기간이 완료된 날부터 2년이 지나지 아니한 사람
4. 금고 이상의 형의 선고를 유예받고 그 유예기간 중에 있는 사람
5. 제2호부터 제4호까지의 규정에도 불구하고 다음 각 목의 어느 하나에 해당하는 범죄를 저지른 사람으로서 형 또는 치료감호를 선고받고 확정된 후 그 형 또는 치료감호의 전부 또는 일부의 집행이 끝나거나(집행이 끝난 것으로 보는 경우를 포함한다) 집행이 유예·면제된 날부터 10년이 지나지 아니한 사람

   가. 법 제2조에 따른 성폭력범죄

   나. 「아동·청소년의 성보호에 관한 법률」 제2조 제2호에 따른 아동·청소년대상 성범죄

   다. 「아동학대범죄의 처벌 등에 관한 특례법」 제2조 제4호에 따른 아동학대범죄

6. 제11조 제1항(이 조 제1호에 해당하게 되어 제11조 제1항 제2호에 따라 진술조력인 자격이 취소된 경우는 제외한다)에 따라 진술조력인 자격이 취소된 후 3년이

지나지 아니한 사람

제7조(진술조력인 자격증의 발급)

법무부장관은 제5조에 따라 진술조력인 자격을 취득한 사람에게 자격 부여일부터 1개월 이내에 별지 제2호 서식의 진술조력인 자격증을 발급하여야 한다.

제8조(진술조력인 자격의 관리 · 감독 등)

① 법무부장관은 진술조력인이 진술조력인 제도의 도입 취지에 부합하게 활동하고 있는지 등을 관리 · 감독하기 위하여 수사기관 등 관련 기관이나 조사 현장을 방문하거나, 관련자로부터 의견을 조회하거나, 진술조력인에 대하여 자료 제출을 요구하는 등 필요한 조치를 할 수 있다. 이 경우 진술조력인은 법무부장관의 요구에 지체 없이 따라야 한다.

② 진술조력인은 피해자(「아동학대범죄의 처벌 등에 관한 특례법」 제2조 제6호에 따른 피해아동을 포함한다. 이하 같다)에 대한 형사사법절차에서의 조력 과정에서 작성하는 보고서 등 진술조력 업무의 수행과 관련된 기록을 문서화하고 저장 · 보존하여야 한다.

제9조(진술조력인 자문단의 운영)

법무부장관은 진술조력인의 업무를 지원하기 위하여 진술조력인 자문단을 둘 수 있다. 진술조력인 자문단의 구성, 수당 지급 등 자문단의 운영에 필요한 사항은 법무부장관이 정한다.

제10조(진술조력인 보수교육)

① 법무부장관은 진술조력인을 대상으로 연 1회 이상 보수교육을 실시하여야 한다.

② 제1항에 따른 보수교육의 내용에 관하여는 제3조를 준용한다.

③ 제1항 및 제2항에서 규정한 사항 외에 보수교육의 시간, 실시 방법 등 진술조력인 보수교육에 필요한 사항은 법무부장관이 정한다.

제11조(진술조력인 자격의 취소)

① 법무부장관은 진술조력인 자격을 가진 사람이 다음 각 호의 어느 하나에 해당하는 경우에는 그 자격을 취소할 수 있다. 다만, 제1호 또는 제2호에 해당하는 경우에는 그 자격을 취소하여야 한다.

1. 거짓이나 그 밖의 부정한 방법으로 자격을 취득한 사실이 드러난 경우
2. 제6조 각 호의 결격사유 중 어느 하나에 해당하게 된 경우
3. 법 제38조에 따른 진술조력인의 의무를 위반한 경우
4. 진술조력인의 업무를 수행하기 위한 자질이나 역량이 부족하다고 판단되는 경우
5. 진술조력인의 업무 수행과 관련하여 부당한 금품을 수령하는 등 부정한 행위를 한 경우
6. 그 밖에 진술조력인의 업무를 수행할 수 없는 중대한 사유가 발생한 경우

② 법무부장관은 제1항에 따라 진술조력인 자격을 취소하려는 경우에는 해당 진술조력인에게 자격 취소 예정인 사실과 그 사유를 통보하여야 한다. 이 경우 통보를 받은 진술조력인은 법무부에 출석하여 소명(疏明)을 하거나 소명에 관한 의견서를 제출할 수 있다.

③ 제2항 후단에 따라 진술조력인이 소명하거나 소명에 관한 의견서를 제출한 경우 법무부장관은 진술조력인 자격 취소 여부를 결정하기 위하여 외부 전문가의 의견을 들을 수 있다.

④ 법무부장관은 제1항에 따라 진술조력인 자격을 취소한 경우에는 그 사람에게 진술조력인 자격 취소의 사실 및 그 사유를 서면으로 알려주어야 한다.

⑤ 제1항에 따라 진술조력인 자격이 취소된 사람은 진술조력인 자격 취소의 통지를 받은 날부터 15일 이내에 진술조력인 자격증을 법무부장관에게 반납하여야 한다.

제12조(진술조력인명부의 작성)

① 법 제35조 제3항에 따른 진술조력인 명부(이하 "진술조력인명부"라 한다)는 별지 제3호 서식에 따른다. 진술조력인명부에는 해당 진술조력인이 원활하게 조력할 수 있는 피해자의 연령, 장애 특성, 범죄 종류 등을 전문분야로 기재할 수 있다.

② 법무부장관은 진술조력인 자격 등이 변경된 경우에는 그 내용을 진술조력인명부에 기재하여야 한다.

③ 법무부장관은 작성한 진술조력인명부를 법원행정처장, 검찰총장 및 경찰청장에게 송부하여야 한다.

04

진술조력인의 선정 등

제13조(진술조력인의 선정 절차)

① 검사 또는 사법경찰관은 법 제36조 제1항에 따라 진술조력인으로 하여금 조사 과정에 참여하여 의사소통을 중개하거나 보조하게 하려면 조사 전에 진술조력인을 선정하여야 한다.

② 검사 또는 사법경찰관은 제1항에 따라 진술조력인을 선정한 경우에는 별지 제4호 서식의 선정서를 작성하여 진술조력인에게 교부하고 그 사본을 수사기록에 편철하여야 한다.

③ 피해자, 그 법정대리인(피해아동에 대해서는 아동학대행위자를 제외한다. 이하 같다) 또는 변호사가 법 제36조 제1항에 따라 진술조력인 선정 신청을 할 때에는 말로 하거나 별지 제5호 서식의 진술조력인 선정 신청서를 제출하여야 한다.

④ 검사 또는 사법경찰관은 법 제36조 제2항에 따라 피해자, 그 법정대리인 또는 변호사에게 진술조력인에 의한 의사소통의 중개나 보조를 신청할 수 있음을 고지할 때에는 말로 하거나 별지 제6호 서식의 고지서로 한다. 이 경우 검사 또는 사법경찰관은 별지 제7호 서식의 확인서를 받아 기록에 편철하여야 한다.

⑤ 법 제36조 제5항에 따른 검증에 관하여는 제1항부터 제4항까지의 규정을 준용한다. 이 경우 "조사"는 "검증"으로 본다.

제14조(진술조력인의 선정 금지)

다음 각 호의 어느 하나에 해당하는 사람은 해당 사건의 진술조력인으로 선정될 수 없다.

1. 피의자 또는 피해자의 친족 또는 친족 관계에 있었던 사람
2. 피의자 또는 피해자의 법정대리인
3. 피의자의 대리인 또는 변호인
4. 피해자의 대리인 또는 변호사

제15조(진술조력인 선정의 취소)

① 검사 또는 사법경찰관은 다음 각 호의 어느 하나에 해당하는 경우에는 해당 사건의 진술조력인 선정을 취소할 수 있다. 다만, 제1호 또는 제2호에 해당하는 경우에는 선정을 취소하여야 한다.

1. 제11조 제1항에 따라 진술조력인 자격이 취소된 경우
2. 제14조 각 호에서 정한 선정 금지 사유가 발견된 경우
3. 피해자, 그 법정대리인 또는 변호사가 진술조력인 선정의 취소를 요청하고 그 요청에 상당한 이유가 있는 경우
4. 진술조력인이 사임의 의사를 표시하고 이에 상당한 이유가 있는 경우
5. 진술조력인이 그 업무를 성실하게 수행하지 아니한 경우
6. 그 밖에 질병, 상해 또는 장애 등으로 인하여 진술조력인의 업무를 수행하기 어려운 중대한 사유가 발생한 경우

② 검사 또는 사법경찰관은 진술조력인 선정을 취소한 경우에 그 사실을 지체 없이 피해자, 그 법정대리인 또는 변호사와 진술조력인에게 통지하여야 한다.

③ 제2항의 통지는 서면 외에 구술, 전화, 팩스, 전자우편, 휴대전화 문자전송이나 그 밖에 적당한 방법으로 할 수 있다.

제16조(진술조력인의 재선정)

검사 또는 사법경찰관은 제15조에 따라 진술조력인 선정을 취소한 경우에는 제13조에 따라 진술조력인을 다시 선정할 수 있다.

05

진술조력인의 수사절차 참여 등

제17조(진술조력인의 참여 대상 범위)

법 제36조 제1항 본문에서 "신체적인 또는 정신적인 장애로 의사소통이나 의사표현에 어려움이 있는 경우"란 다음 각 호의 어느 하나의 사람에 해당하는 경우를 말한다.

1. 「장애인복지법」 제32조에 따라 장애인으로 등록된 사람으로서 신체적 장애나 정신적 장애로 인하여 의사소통이나 의사표현이 어려운 사람
2. 제1호에 해당하지 아니하더라도 의사소통이나 의사표현이 어려운 장애가 있는 것으로 의심되는 사람
3. 그 밖에 주의력 결핍, 과잉 행동장애, 정서적 불안, 함묵증(緘黙症), 진술 회피 등으로 의사소통이나 의사표현이 어렵다고 검사 또는 사법경찰관이 판단하는 사람

제18조(의사소통 중개 · 보조의 범위)

① 진술조력인은 법 제36조 제1항에 따라 의사소통을 중개하거나 보조하는 활동으로 다음 각 호의 어느 하나에 해당하는 활동을 할 수 있다.

1. 검사 또는 사법경찰관의 질문의 취지를 피해자가 이해할 수 있도록 중요한 내용이 바뀌지 아니하는 범위에서 질문을 변환하여 전달하는 활동
2. 검사 또는 사법경찰관이 피해자의 의사표현을 이해할 수 있도록 제20조 제4항 각 호의 내용을 설명하는 활동

3. 검사 또는 사법경찰관이 피해자의 특성에 맞는 조사를 할 수 있도록 제20조 제4항 각 호의 내용을 설명하고, 전문지식을 활용하여 의사소통의 방법, 조사 계획 및 보조수단 등을 논의하거나 조언하는 활동

4. 피해자가 심리적 안정을 얻고 조사에 집중할 수 있는 환경 등을 조성하는 활동

5. 그 밖에 검사 또는 사법경찰관이 피해자 조사에 필요하다고 인정하는 활동

② 진술조력인은 피해자의 진술에 개입해서는 아니 되며, 검사 또는 사법경찰관이 직접 피해자의 진술을 청취한 이후에 한하여 피해자의 진술을 그의 의사표현적 특징 등에 비추어 설명할 수 있다. 다만, 이 경우에도 피해자의 진술 내용을 변경해서는 아니 된다.

제19조(진술조서 등의 기재 사항 등)

① 검사 또는 사법경찰관은 법 제36조 제1항에 따라 조사과정에 진술조력인을 참여하게 하여 진술조서를 작성하는 경우에는 그 진술조서에 진술조력인을 통하여 피해자와의 의사소통을 중개 또는 보조하도록 하였다는 취지를 적고, 진술조력인의 기명날인 또는 서명을 받아야 한다.

② 검사 또는 사법경찰관은 법 제36조 제1항에 따라 조사과정에 진술조력인을 참여하게 하여 영상녹화를 실시한 경우에는 제작된 영상녹화물(CD, DVD 등을 말한다)에 조사자 및 피조사자의 기명날인 또는 서명과 함께 진술조력인의 기명날인 또는 서명을 받아야 한다.

제20조(조사 전 피해자 면담)

① 진술조력인이 법 제36조 제3항에 따라 조사 전에 피해자를 면담하려는 경우에는 수사기관은 진술조력인 조력 필요성에 관하여 평가할 수 있는 충분한 시간을 제공하여야 한다.

② 진술조력인은 법 제36조 제3항에 따라 조사 전에 피해자와 면담하는 경우 피해사실이나 해당 사건 내용 등에 관한 면담을 하여서는 아니 된다.

③ 진술조력인은 법 제36조 제3항에 따라 진술조력인 조력 필요성에 관하여 평가한 의견을 수사기관에 제출하는 경우 구두 또는 서면으로 할 수 있다.

④ 진술조력인이 제3항에 따라 제출하는 의견에는 다음 각 호의 내용이 포함되어야 한다.

1. 인지기능, 진술능력, 비언어적 의사표시, 언어이해 및 표현 능력
2. 정서, 성격, 심리상태 등 심리적 특수성
3. 그 밖에 의사소통의 중개 또는 보조에 필요한 정보로서 검사 또는 사법경찰관이 요청한 내용

제21조(조사 후 의견 제출)

① 진술조력인은 법 제36조 제4항에 따라 피해자의 의사소통이나 표현 능력, 특성 등에 관한 의견을 수사기관에 제출하는 경우 서면으로 하여야 한다.

② 진술조력인이 제1항에 따라 제출하는 의견에는 피해자의 진술에 관한 신빙성 또는 사실관계를 평가하는 내용 등을 포함해서는 아니 된다.

③ 제1항 및 제2항에서 규정한 사항 외에 진술조력인의 조사 후 의견 제출에 필요한 사항에 관하여는 법무부장관이 정한다.

부　　칙

제1조(시행일)

이 규칙은 공포한 날부터 시행한다.

제2조(금치산자 등에 대한 특례)

법률 제10429호 민법 일부개정법률 부칙 제2조에 따라 금치산 또는 한정치산 선고의 효력이 유지되는 자는 제6조 제1호에도 불구하고 같은 호의 피성년후견인 및

피한정후견인에 포함되는 것으로 본다.

제3조(진술조력인에 대한 경과조치)

이 규칙 시행 당시 종전의 「성폭력범죄의 처벌 등에 관한 특례법 시행규칙」에 따라 진술조력인으로 선정되어 업무를 수행하고 있는 사람은 이 규칙 제13조에 따라 선정된 진술조력인으로 본다.

제4조(다른 법령의 개정)

성폭력범죄의 처벌 등에 관한 특례법 시행규칙 일부를 다음과 같이 개정한다.

제2조부터 제15조까지를 각각 삭제한다.

별지 제1호 서식부터 별지 제7호 서식까지를 각각 삭제한다.

피해자전담경찰관

•O•N•T•E•N•T•S

01

피해자전담경찰관[1] 개요

◉ 피해자보호 및 지원업무를 담당하는 경찰관의 명칭은 '피해자전담경찰관'으로 표기한다.

◉ 피해자전담경찰관은 피해자의 권리 보호와 신속한 피해 회복을 위하여 최선의 노력을 다한다.

◉ 피해자전담경찰관은 지방청 청문감사담당관 및 경찰서 청문감사관 소속으로 운영함을 원칙으로 한다.

◉ 타 기능과 긴밀히 공조하여 소속 관서 내에서 발생하는 사건을 면밀히 파악하고 피해자 보호 · 지원이 필요한 사건을 관리한다.

◉ 지원 단체와 공고한 협조체계를 구축하고 긴급연락 체제를 상시 유지하며 내 · 외부의 협력 창구로서 역할 한다.

◉ 피해자전담경찰관은 경찰의 피해자보호 역량 강화를 위하여 내부 교육 및 홍보 활동에 힘쓴다.

◉ 피해자전담경찰관 활동 중 알게 된 피해 사실이나 피해자의 신상정보 등 관련 비밀은 절대 누설하여서는 안 된다.

비전	• 형식적 지원 · 상투적 접근이 아닌 '피해 회복과정의 동반자' • 타 기능 지원에서 소외되는 피해자가 없도록 보호하는 '그물망' • 피해자 · 경찰관 · 지원 단체를 잇는 '소통의 징검다리' • 통계관리 · 정책제언을 통한 '국가 정책 수립의 씨앗'

---

1) 피해자전담경찰관 제도에 관한 각종 정책에 대한 참고자료는 경북지방경찰청 피해자보호팀으로부터 제공받았다.

02

주요 업무 및 근무지침

1. 대상 사건의 접수 및 인지

○ 피해자전담경찰관의 지원대상은 다음과 같다.

● **필수 사건**
- 강력 사건: 살인, 강도, 방화
- 주요 폭력 사건: 체포 · 감금, 약취 · 유인, 중상해, 폭력행위 등 처벌에 관한 법률상 일부 행위*
  *흉기 사용 혹은 집단으로 행한 폭행/협박/주거침입/재물손괴/체포감금/강요/상해/공갈
- 기타 중요 사건: 교통사고 사망 · 중상해 사건

● **요청 사건**
- 각 기능에서 필요하다고 판단, 피해자 지원을 요청하는 경우
  • 성폭력 · 가정폭력 사건 등 전담체계가 마련된 경우라도 추가적인 보호지원이 필요한 경우
  • 경미한 범죄라도 장애인 · 기초수급자 · 이주여성 등 피해자의 사정으로 지원이 필요한 경우
  • 피해자가 느끼는 위협이나 불안이 크거나 발생한 피해가 중대한 경우
    예. 야간주거침입절도 등
  • 기타 사회 이목을 집중시키는 사건 등

○ 피해자전담경찰관은 KICS의 피해자지원카드 현황 및 일보를 지속적으로 확인, 피해자 지원이 필요한 사건을 파악한다.
○ 사건 담당자가 필수 사건의 피해자 지원카드를 빠짐없이 작성할 수 있도록 교육 · 홍보 및 관리한다.

- 필수 사건은 사건 담당자의 피해자 지원카드 작성을 지원요청으로 갈음
- 요청 사건은 담당자의 요청공문 발송에 의해 접수
○ 피해자전담경찰관은 각 기능의 요청이 없어도 기타 사정으로 인해 필요하다고
판단되면, 피해자 지원활동을 할 수 있다.

2. 피해자에 대한 초기상담 실시

○ 피해자 보호가 필요한 사건이 발생한 경우, 면담을 위해 피해자에게 신속히
연락, 대면 또는 전화 상담을 실시한다.
- 급박하고 중대한 피해 발생 등 필요한 경우, 담당자와 현장에 함께 출동하여
긴급 피해자 보호활동을 할 수 있다.
○ 경찰관서 출석조사 시 등을 활용하여 가능한 피해자와 대면상담을 실시하여
친밀감과 신뢰감을 형성한다.

상담 시 유의사항

○ 담당자의 소속·성명과 피해자전담경찰관에 대하여 소개하고 편안한 마음으로 이야기할
수 있는 분위기 조성
○ 피해자와 대화 시 진심으로 피해자의 아픔과 고통을 나눈다는 마음가짐으로 대화
○ 외상 후 스트레스 장애 등 심각한 피해가 의심되는 경우 직접 심리상담은 지양하고 신속히
전문기관으로 연계

○ 피해자에게 사건 담당자의 정보제공 현황을 확인하고, 형사절차상 피해자의
권리 및 지원에 관한 정보 등을 안내한다.
- 범죄피해자보호법의 개정으로 피해자에 대한 정보제공의무 신설('15. 4. 16.
시행)
○ 피해자와의 상담을 통하여 구체적인 피해상황과 요구사항을 파악한다.
○ 피해자의 요구사항을 최대한 고려하되, 수사에 부당한 영향을 미치도록 하는
요구사항은 반영될 수 없음을 이해시킨다.
○ 상담 후 향후 지원기관 연계 및 사후관리를 위하여 '상담지원카드'를 작성한다.

○ 상담지원카드 작성 시 피해자로부터 정보제공에 관한 동의를 받아 확인서를 보관한다.
　－ 피해자가 정보제공에 동의하지 않는 경우 상담종결이 가능하다.
　－ 서면 동의서를 원칙으로 하되 피해자의 사정으로 불가피한 경우 구두(전화)로 동의의 의사표시를 확인한 후 동의서에 관련 내용을 기재한다.
○ 작성된 상담지원카드는 외부에 유출되지 않도록 보안 관리하고 최종상담이 종료된 날로부터 1년의 기간이 지나면 폐기한다.

〈관련 법령〉

● **범죄피해자보호법 제3조(정의)**
① 이 법에서 사용하는 용어의 뜻은 다음과 같다.
　1. "범죄 피해자"란 타인의 범죄행위로 피해를 당한 사람과 그 배우자(사실상의 혼인관계를 포함한다), 직계친족 및 형제자매를 말한다)
　2. "범죄 피해자 보호·지원"이란 범죄 피해자의 손실 복구, 정당한 권리 행사 및 복지 증진에 기여하는 행위를 말한다. 다만, 수사·변호 또는 재판에 부당한 영향을 미치는 행위는 포함되지 아니한다.
　3. "범죄 피해자 지원법인"이란 범죄 피해자 보호·지원을 주된 목적으로 설립된 비영리법인을 말한다.
② 제1항 제1호에 해당하는 사람 외에 범죄피해 방지 및 범죄 피해자 구조 활동으로 피해를 당한 사람도 범죄 피해자로 본다.

● **범죄피해자보호법 제8조의2(범죄 피해자에 대한 정보 제공 등)**
① 국가는 수사 및 재판 과정에서 다음 각 호의 정보를 범죄 피해자에게 제공하여야 한다.
　1. 범죄 피해자의 재판절차 참여 진술권 등 형사절차상 범죄 피해자의 권리에 관한 정보
　2. 범죄 피해 구조금 지급 및 범죄 피해자 보호·지원 단체 현황 등 범죄 피해자의 지원에 관한 정보
　3. 그 밖에 범죄 피해자의 권리보호 및 복지증진을 위하여 필요하다고 인정되는 정보

● **범죄피해자보호법 시행령 제10조(범죄 피해자에 대한 형사절차 관련 정보의 제공)**
① 법 제8조에 따라 범죄 피해자에게 제공할 수 있는 형사절차 관련 정보(이하 "형사절차관련 정보"라 한다)의 세부사항은 다음 각 호와 같다.
　1. 수사 관련 사항: 수사기관의 공소 제기, 불기소, 기소중지, 참고인 중지, 이송 등 처분 결과
　2. 공판 진행 사항: 공판기일, 공소 제기된 법원, 판결 주문(主文), 선고일, 재판의 확정

> 　　및 상소 여부 등
> 　3. 형 집행 상황: 가석방 · 석방 · 이송 · 사망 및 도주 등
> 　4. 보호관찰 집행 상황: 관할 보호관찰소, 보호관찰 · 사회봉사 · 수강명령의 개시일 및
> 　　종료일, 보호관찰의 정지일 및 정지 해제일 등
> ② 형사절차 관련 정보는 범죄 피해자에게 제공하는 것을 원칙으로 한다. 다만, 범죄 피해자
> 　의 명시적인 동의가 있는 경우에는 범죄 피해자 지원법인에도 해당 정보를 제공할 수
> 　있다.
> ③ 범죄 피해자가 형사절차 관련 정보를 요청한 경우 해당 국가기관은 이를 제공하여야
> 　한다. 다만, 형사절차 관련 정보의 제공으로 사건 관계인의 명예나 사생활의 비밀 또는
> 　생명 · 신체의 안전이나 생활의 평온을 해칠 우려가 있는 경우에는 형사절차 관련 정보
> 　를 제공하지 아니할 수 있다.
> ④ 정보의 제공은 서면, 구두, 모사전송, 그 밖에 이에 준하는 방법으로 하여야 한다.

3. 피해자 지원 활동 및 기관 연계

가. 신변보호

○ 상담 시 피해자가 신변불안을 호소하거나 신변보호 필요성이 있다고 판단되는
　경우 직접 동행하여 피해자의 안전을 도모한다.

〈피해자전담경찰관의 동행 범위(예시)〉

○ 현장 검증 시 피해자가 언론에 노출될 우려가 있는 경우
○ 임시숙소 입 · 퇴실과정에서 신변 보호의 필요가 있는 경우

○ 피해자가 지속적 불안감을 느끼는 경우, 임시숙소에 연계하거나 관할 지구대에
　순찰 강화를 요청하는 등 적절한 긴급조치를 한다.
○ 위의 조치에도 불구, 계속 신변보호를 요청하거나 타 기능과 공조하여 신변
　보호 강화가 필요한 경우 신변보호 심사위원회*에 회부한다.
　* 세부 운영지침은 추후 하달 예정

신변보호심사위원회

○ 구성: 위원장(서장), 간사(청문감사관), 위원(관련 과 · 계장 등)
○ 대상: 피해자 관련 소관 기능이 분산되어 있는 경우, 주무 부서가 불분명한 경우 등
○ 절차: 신변보호심사요청서 작성 ➡ 심사위원회 개최 ➡ 신변안전조치 여부 심사 ➡ 시행
○ 심의: 사안의 긴급성 · 상습성 · 보충성 종합 고려, 보호여부 및 수준 등 신속 결정
○ 신변안전조치: 신변 경호/시설 보호/임시숙소 연계/기계설비(위치확인 장치) 대여/주거지
　　　　　　　등 순찰강화/112 신고시스템에 피해자 연락처 등록 등

○ 신변안전조치가 결정된 경우, 조치 종료 시까지 주무부서와 긴밀한 연락을 유지하며 안전조치 이행여부를 주기적으로 확인한다.
○ 신변보호 불이행 결정 시 피해자전담경찰관을 중심으로 비상연락망구성, 피해자의 심적 안정을 유도하고 돌발사태에 대비한다.

나. 피해자 임시숙소 운영

○ 피해자전담경찰관은 '피해자 임시숙소' 운영과 관련된 전반적인 사항을 담당한다.

피해자 임시숙소

○ 지원대상: 살인 · 강도 · 강간 · 방화 등 강력범죄 피해자 및 보복범죄 우려 피해자 또는 성·가정폭력 피해자로서 조사를 마친 후 '긴급쉼터' 등 보호시설 연계가 곤란한 피해자 중 임시 숙소가 필요한 자
○ 지원내용: 피해자를 관내 지정된 임시숙소로 연계, 기본 1~2일 · 최대 5일의 숙소 비용 지원(1일 기본 5만 원, 최대 8만 원)
○ 절차: 피해자 신청 ⇒ 심사권자(주간: 청문감사관/야간: 상황관리관) 필요성 판단 후 승인 ⇒ 숙소 연계
○ 사후처리: 집행 관련 서류(피해자 임시숙소 집행대장, 신청 · 허가서)를 취합, 지방청 피해자보호계(팀)로 제출(15일 단위) 및 정기적으로 보고

○ 관내 임시숙소 관리자와 연락체계를 구축, 돌발 상황 발생 시 바로 피해자전담경찰관에 연락 및 112 신고할 수 있도록 조치한다.
○ 임시숙소에 연계한 피해자는 사후연락을 통하여 퇴소여부 및 추가 조치 필요

여부를 확인한다.

ㅇ 피해자 임시숙소가 가해자에게 노출되지 않도록 보안에 유의, 정기적으로 안전성·건전성 확인하고 노출 시 반드시 숙소를 변경한다.

 － 숙소 변경 시 사업자 등록증 및 통장사본을 임시숙소 비용 지급부서로 제출/정부기관 지급방식 및 피해자 보호활동에 대한 이해가 있는 숙박업소로 지정

ㅇ 관련 기능 경찰관들이 '피해자 임시숙소'의 지원대상과 절차 등을 알 수 있도록 평소에 교육 및 홍보를 실시한다.

 － 범죄 피해자가 아닌 요보호 대상자(정신질환자, 주취자) 등이 사용하지 않도록 주의

다. 지원 설계 및 기관 연계

ㅇ 현행 피해자 지원제도 전반에 대하여 철저히 숙지하고 지역 특화 정책 및 제도 변경 내용을 정기적으로 파악하여 갱신한다.

ㅇ 피해자가 활용 가능한 제도를 빠짐없이 안내하되 특히 실효성 있는 지원제도를 중심으로 맞춤형 설계하여 안내한다.

각종 피해자 지원제도

경제적 지원	심리회복 지원	법률 서비스 지원	기타 지원
• 범죄 피해자 구조제도 • 긴급지원제도 • 범죄 피해자 지원센터 • 교통사고 피해자 구조제도 • 치료비 지원제도 - 가정폭력 피해자 - 성폭력 피해자	• 지방청 CARE 요원 • 범죄 피해자 지원센터 (스마일센터 연계) • 성폭력 상담센터 • 해바라기 아동센터	• 대한법률구조공단 • 법률조력인의 법률지원	• 임시숙소제도 • 범죄현장정리 • 법정 동행·모니터링 • 거주이전 지원

○ 범죄 피해자 지원제도 뿐 아니라 일반적인 사회복지제도를 포괄하여 검토, 범죄 피해자의 권익증진을 위해 노력한다.

   – 국민보험제도상 보험급여제도/응급의료비 미수금 대지급 제도/영·유아 보육비 지원/지급명령제도/배상명령제도 등

○ 범죄 피해자 지원을 위한 관련기관 연계요청은 문서를 원칙으로 하되, 긴급·신속을 요하는 경우 구두로 요청할 수 있다.

○ 사회적 약자의 경우 해당기관에 직접 동행 연계하여 주거나 신청절차를 대행하여 편의를 증진한다.

   – 70세 이상 노약자·미성년자·장애인·이주여성 등 사회적 약자의 보호자가 없거나 보호자가 연계하는 것이 불가능한 경우 등

4. 피해자 회복과정 확인

○ 지원기관에 피해자를 연계한 경우 연계단체·기관의 지원결과가 확인될 때까지 피해자에게 월 1회 이상 피해 회복상황 및 추가 조치 필요 여부를 확인한다.

○ 피해자가 종결을 요청하는 등 더 이상 지원이 필요없다고 판단되면 상담종결 처리한다.

○ (경찰서의 경우) 장기적인 관심과 심리적 지원이 필요한 피해자는 지방청 CARE 요원에 연계, 모니터링이 이루어지도록 한다.

CARE 요원 모니터링

○ 대상: 살인, 강도, 중상해 등 정신적 트라우마나 신체적 후유증이 큰 범죄 피해자
○ 방식: 기본 6月의 기간을 정하여 정기적인 전화 모니터링 실시
※ 기간 중 대상자가 중단 요청 시에는 종료/기간 만료 후에도 관리 원하는 대상자의 경우 1회에 한하여 3月의 기간 연장

---

5. 지원 단체와의 협조체계 구축 및 강화

○ 관내 소재 지원단체 현황·전문인력 현황·지원가능 서비스 등을 파악하여 각 기능에 공유·전파한다.

○ 지원단체 담당자들과 긴급 연락체계(Hot-Line)를 구축, 유지하고 각 기능에 전파한다.

○ 지원단체와 수시로 간담회 개최, 활동 현황 등에 관하여 상호 정보공유하고 개선 및 지원 필요사항 등을 협의한다.

○ 자원봉사자, 재능기부자 등 피해자보호 인력풀을 수시로 모집, 지역사회 내 피해자보호활동이 활성화될 수 있는 여건을 조성한다.

    – 학습지도 도우미, 재능나눔형 자원봉사 등 기존 지원제도나 단체와 특화된 지원활동 발굴 추진

6. 대내외 교육 및 홍보

○ 피해자전담경찰관은 피해자보호활동에 관한 대내외 교육 및 홍보를 실시한다.

○ 교육을 실시할 때에는 피해자에 대한 인식 전환, 피해자 지원제도, 지원단체 및 피해자에 대한 정보제공의무와 안내요령 등을 주된 내용으로 한다.

    – 전문가·지원단체와 협력하여 공동으로 진행할 수 있다.

○ 교육 효과를 극대화하기 위해 시청각 자료를 적극 활용하고, 교육상황에 따른 효율적인 방식으로 진행한다.

    – 본청 제작 교육자료 및 현장 우수자료 적극 활용

○ 관서 홈페이지에 피해자 보호 관련 정보 등을 재정비하고 외부에 홍보한다.

7. 통계 관리 및 정책제언

○ 피해자전담경찰관은 피해자보호활동에 관한 자료를 수집, 통계화하여 항시 관리한다.

○ 피해자전담경찰관은 피해자보호활동 관련 건의사항·개선요구사항 등 정책 관련 제언을 한다.

03

피해자 유형별 대응요령

1. 살인 사건

- 살인 사건의 경우 피해자가 이미 사망한 경우이므로 지원대상은 유족이 된다.
- 심리적 지원도 필요하나, 생계를 책임지는 가족원의 사망으로 인한 경제적 어려움 발생 등 경제적 지원이 더 많은 비중을 차지하는 경우가 많다.

가. 경제적 지원

○ 범죄 피해자 구조금 중 '유족구조금'
○ 범죄 피해자 지원센터 지원금
  - 범죄 피해자 구조금을 받지 못하는 경우라도 범죄 피해자 지원센터에서 일 정한 요건 하에 생계비 등 지원
○ 긴급지원제도상 생계지원비
  - 범죄, 질병, 부상 등으로 인하여 생계유지 등이 곤란한 자에게 시·군·구청에 서 일시적으로 생계, 의료, 주거 등을 지원

나. 심리회복 지원

○ CARE 요원 피해자 유족 심리상담
  - 전문적인 심리상담이 필요한 경우 CARE 요원에 지원 요청, 지방청 CARE 요원이 장례식장 및 유족 주거지 방문상담 실시

○ 스마일센터 심리지원

 − 스마일센터 연계하여 전문심리상담 지원, 기타 협력병원과 연계하여 정신과
  치료 지원 및 피해자 유족 자조모임 프로그램 등 운영

다. 법률서비스 지원

대한법률구조공단에서 유족에 대한 법률상담과 무료 소송대리 지원

라. 기타 지원

범죄현장정리 및 청소지원/법정 동행/주거지원

2. 신체상해 사건

- 강도, 중상해 등 신체상해 사건의 경우 피해자의 신체피해 정도가 가장 중요하다.
- 심각한 부상인 경우 병원치료비 등 경제지원이 우선시 되어야 하며 부상이 상대적으로 경미할 경우 심리적인 부분에 대한 지원 우선시 되어야 한다.

가. 경제적 지원

○ 범죄 피해자 구조금 중 '장해 및 중상해구조금'
○ 국민건강보험제도 이용 치료비 지원
 − 가해자가 불명이거나 무자력인 경우 상해 피해자는 국민건강 보험 혜택 적용
  가능(사건사고 사실확인원을 발급받아 병원에 제출)
○ 범죄 피해자 지원센터
 − 진단서, 진료내역서, 치료비 영수증 등 제출 시 치료비 및 생계지원금 지원
  가능
○ 긴급지원제도의 의료비 지원
 − 시·군·구청에서 범죄, 질병, 부상 등으로 인하여 생계유지 등이 곤란한
  자에게 일시적으로 생계, 의료, 주거 등을 지원
○ 배상명령제도

- 별도의 민사소송 없이 피해보상 받아낼 수 있으나 범죄로 인한 직접적·물적 피해와 치료비만 대상, 기타 위자료는 민사소송으로 청구

나. 심리회복 지원

ㅇ CARE 요원 피해자 심리상담

- 상해 사건 피해자의 경우 성폭력이나 가정폭력, 학교폭력과 달리 특화된 상담지원기관이 없어 CARE 요원의 위기개입상담이 긴요

ㅇ 스마일센터 심리지원

다. 법률서비스 지원

대한법률구조공단에서 피해자에 대한 법률상담과 무료 소송대리 지원

라. 기타 지원

법정 동행/주거지원

3. 성폭력 사건

- 피해자 대부분이 여성으로, 심각한 정신적 피해가 수반되는 경우가 많다.
- 신체상해가 동반되는 경우도 많으나 심리적 피해에 대한 지원이 가장 중요하다.
- 피해 초기에 심리적 안정 및 적절한 치료를 통해 심리적 외상으로부터 조속히 회복할 수 있도록 지원하여야 한다.

가. 경제적 지원

ㅇ 성폭력 피해자 치료비 지원제도

- 성폭력으로 발생한 신체적 외상 및 정신과 치료비, 임신 및 성병 검사비, 감염 성병 치료비, 낙태비, 진단서 발급 등 성폭력 피해 증거물채취 검사비 일체 무료 지원
- 성폭력 상담소, 보호시설, 해바라기아동센터, 원스톱 지원센터 또는 시·군·

구청에 진료비 영수증과 피해사실 확인서 등 첨부하여 청구
- 국민건강보험제도 이용 치료비 지원

나. 심리회복 지원

- CARE팀 피해자 심리상담
- 원스톱 지원센터
  - 성폭력 피해자에 대한 지원센터로 피해자 긴급지원 및 수사지원, 법률지원, 상담지원, 의료지원을 상시 제공
- 해바라기 아동센터
  - 19세 미만 성폭력 피해 아동·청소년·지적 장애인에 대한 심리상담 지원
- 성폭력 상담소

다. 법률서비스 지원

- 대한법률구조공단의 무료법률상담과 소송대리
- 법률조력인의 법률지원
  - 19세 미만의 아동, 청소년이 성폭력 피해당한 경우 국선변호인을 필수 지정

라. 기타 지원

- 피해자 보호시설 입소
  - 보호시설은 피해자 보호를 위해 비공개하므로 여성긴급전화 1366, 해바라기아동센터, 원스톱 지원센터, 성폭력 상담소 방문 상담 후 연계

4. 가정폭력 사건

- 가해자가 가족으로 추가 피해가 우려되는 상황이 많으므로 임시조치 등 가해자로부터 안전을 우선 확보하는 것이 가장 중요하다.
- 장기간 피해를 입은 경우가 많고 은폐된 경우가 많아 장기지원이 필요하며 피해자의 심리치유와 사회복귀가 피해지원의 목적이 된다.

가. 경제적 지원

○ 가정폭력 피해자 치료비 지원제도
  - 가정폭력 피해로 인해 발생한 신체적 외상 및 정신과 치료비, 진단서 발급
    비용 일체 무료 지원
  - 가정폭력 상담소, 보호시설, 원스톱 지원센터 또는 시·군·구청에 진료비
    영수증과 피해사실 확인서 등 첨부하여 치료비 청구
○ 국민건강보험제도 이용 치료비 지원

나. 심리회복 지원

○ CARE팀 피해자 심리상담
  - 가정폭력의 경우 장기간 피해자 지속된 경우가 많아 초기 위기개입 상담
    이후 장기상담을 받을 수 있도록 전문상담기관에 연계 조치
○ 원스톱 지원센터
○ 가정폭력 상담소
○ 아동보호 전문기관
  - 학대, 방임 등 가정폭력 피해 아동에 대한 심리치료 및 보호제공

다. 법률서비스 지원

○ 대한법률구조공단의 이혼소송 무료 대행
  - 가정폭력 피해자가 가정폭력을 이유로 이혼을 하는 경우

라. 기타 지원

○ 피해자 보호시설 입소
  - 보호시설은 피해자 보호를 위해 비공개하므로 여성긴급전화 1366, 해바라
    기아동센터, 원스톱 지원센터, 가정폭력 상담소 방문 상담 후 연계

5. 교통사망사고

- 교통사망사고의 경우 지원대상은 피해자의 유족이 된다.
- 교통사망사고 역시 생계를 책임지는 가족원의 사망으로 인한 경제적 어려움 발생 등 심리적 지원 외 경제적 지원이 큰 비중을 차지하는 경우가 많다.

가. 경제적 지원

○ 무보험 차량 교통사고 및 뺑소니 피해자 구조제도
- 보유자 불명(뺑소니) 자동차사고 및 무보험 자동차사고 피해자, 도난자동차 및 무단운전 중인 자동차사고 사망 피해자의 경우 일정 금액 지원
○ 교통사고 유가족 지원제도
- 자동차 사고로 사망하거나 중증후유장해를 입어 경제적 어려움을 겪고 있는 피해자 및 그 가족에 대하여 생활자금 대출/장학금/피부양 보조금 등 지원
○ 범죄 피해자 구조금 지급제도 및 범죄 피해자 지원센터 지원금
- 도주차량으로 인한 사망사고 등의 경우 '유족구조금' 신청 가능
○ 긴급지원제도의 생계지원금
- 범죄로 인한 경우 뿐 아니라, 주 소득자 사망 등의 사유로 소득을 상실하고 가구 소득이 최저생계비 이하인 경우에도 시·군·구청에서 생계, 의료, 주거 등 일시 지원

나. 심리회복 지원

○ CARE팀 피해자 유족 심리상담
○ 스마일센터 심리지원

다. 법률서비스 지원

대한법률구조공단에서 피해자에 대한 법률상담과 무료 소송대리 지원

라. 기타 지원

법정 모니터링 및 법정 동행/주거지원 등

❖ 참고 1: 범죄 피해자 지원제도 안내

1. 범죄 피해자 구조제도

생명 또는 신체를 해하는 범죄로 인하여 사망, 장해, 중상해를 입은 피해자에게 국가가
구조금을 지급하는 제도

〈범죄피해자보호법〉

가. 지원대상 및 요건

○ 지원대상: 생명 또는 신체를 해하는 범죄로 인하여 사망, 장해(신체장해 1급
~10급) 및 중상해를 입은 피해자
○ 지원요건
  – 구조 피해자가 피해의 전부 또는 일부를 배상받지 못하는 경우
  – 자기 또는 타인의 형사 사건의 수사 또는 재판에서 고소·고발 등 수사단서
    를 제공하거나 진술, 증언 또는 자료제출을 하다가 구조 피해자가 된 경우

〈구조금 지급 제외 사유〉
○ 피해자와 가해자 간 친족관계*가 있는 경우
  * ○부부(사실혼 포함) ○직계혈족 ○4촌 이내의 친족 ○동거친족
○ 피해자가 해당 범죄행위를 교사·또는 방조하거나 범죄 유발행위를 한 경우 등

나. 지원내용

○ 유족구조금: 평균임금에 24개월 이상 48개월 이하의 범위에서 유족의 수와
연령 및 생계유지상황 등을 고려하여 대통령령으로 정하는 개월 수를 곱한
금액으로 한다.
○ 장해구조금·중상해구조금: 평균임금의 2개월 이상 48개월 이하의 범위 내에

서 피해자의 장해 또는 중상해의 정도와 부양가족의 수 및 생계유지상황 등을
고려하여 대통령령으로 정한 개월 수를 곱한 금액으로 한다.

다. 신청절차 및 방법

○ 신청방법: 범죄 피해자의 주소지 또는 범죄발생지를 관할하는 지방검찰청 민
   원실에 신청 → 범죄피해구조심의회 심의 및 지급여부 결정
   ※ 범죄피해를 안 날로부터 3년, 발생일로부터 10년 내 신청
○ 구비서류

구 분	구비 서류
유족구조금	• 구조금 지급신청서 • 구조 피해자의 사망진단서, 사체검안서 또는 구조 피해자의 사망사실 및 사망일을 증명할 수 있는 서류 • 신청인의 성명, 생년월일, 등록기준지 및 친족관계를 증명할 수 있는 서류 • 신청인이 사실혼 관계인 경우 그 사실을 증명할 수 있는 서류 • 신청인이 구조 피해자의 수입으로 생계를 유지하고 있는 구조 피해자의 자녀가 아닌 경우 신청인보다 선순위 유족이 없다는 사실을 증명할 서류 • 신청인이 구조 피해자의 수입으로 생계를 유지하고 있던 사실을 인정할 수 있는 서류(신청인이 피해자의 배우자인 경우 제외) • 가족관계증명서, 기본증명서, 주민등록표 초본
장해 및 중상해 구조금	• 구조금 지급신청서 • 신체상 장해 · 중상해 부위 및 상태를 증명할 수 있는 의사, 치과의사 또는 한의사의 진단서, 소견서 등 • 신청인에게 범죄피해 발생 전에 동일한 부위에 이미 신체장해가 있었던 경우 그 장해 부위 및 상태에 관한 의사, 치과의사 또는 한의사의 진단서, 소견서 등 • 중상해구조금의 경우 입원기간과 치료기간을 증명할 수 있는 입 · 퇴원 확인서 등

라. 주관부서 및 관련문의

○ 주관부서: 법무부 인권국
○ 관련문의: 검찰청 피해자지원실(국번없이 1301),
            전국 범죄 피해자 지원센터(1577 – 1295)

2. 범죄 피해자 무료 법률구조제도

일정한 범죄 피해자에게 법률상담, 소송대리 등 무료 법률구조 지원

가. 지원대상

○ 범죄 피해자: 범죄피해자보호법 제3조 제1항 제1호 또는 같은 조 제2항에 따른 범죄 피해자
○ 가정폭력·성폭력 피해자: 가정폭력·성폭력 피해자(국내거주 외국인 여성 포함)
○ 학교폭력 피해자: 기초생활수급자 또는 월평균 수입 260만 원 이하 국민 중 「학교폭력예방 및 대책에 관한 법률」상 학교폭력 피해학생

나. 지원내용

○ 범죄 피해자: 가해자를 상대로 한 손해배상청구소송
  ※ 단, 전치 2주 이하의 폭행·상해 사건, 교통사고로 대물피해만 발생한 사건, 유죄판결문 없는 재산범죄 사건의 경우 실비 및 공단변호사 보수를 본인 부담
○ 가정폭력·성폭력 피해자: 가정폭력·성폭력 관련 민사·가사 사건 청구
○ 학교폭력 피해자: 피해 사건 소송대리

다. 신청절차 및 방법

○ 신청방법: 가까운 공단 사무실 내방하여 상담 후 신청서류 제출 → 사실조사 착수 → 소송구조여부 결정 → 소속 변호사나 공익법무관이 소송 수행
○ 구비서류

구 분	구비 서류
가정·폭력 피해자	주민등록등본, 가족관계등록부, 주장사실 입증자료(피해상담사실확인서, 진단서, 고소장사본 등)
범죄 피해자	주민등록등본, 범죄피해 입증자료(판결문, 공소장, 범죄피해사실증명원, 사건처분결과통지서 등), 주장사실 입증자료(치료비명세서, 신체감정서 등)
학교폭력 피해자	주민등록등본, 월평균 수입 260만 원 이하 증명 서류(수급자증명서 또는 근로소득세원천징수영수증 등), 학교폭력 피해입증자료(진단서, 판결문, 공소장, 관공서 작성의 범죄피해사실증명원 등)

라. 주관부서 및 관련문의

대한법률구조공단(국번없이 132)

3. 의사상자 예우 등에 관한 제도

타인의 생명, 신체 또는 재산의 급박한 위해를 구제하다가 사망 또는 부상을 당한 의사
상자에게 국가유공자 수준의 혜택을 부여

〈의사상자 등 예우 및 지원에 관한 법률〉

가. 지원대상 및 요건

○ 강도·절도·폭행·납치 등의 범죄행위를 제지하거나 그 범인을 체포하다가
사망 또는 부상을 입는 구조행위를 한 경우
○ 자동차, 열차, 그 밖의 운송수단의 사고, 천재지변, 수난, 화재, 건물, 붕괴 등
으로 위해에 처한 다른 사람의 생명, 신체 또는 재산을 구하다가 사망하거나
부상을 입는 구조행위를 한 경우

나. 지원내용

○ 의사상자심사위원회 심의·의결에 따라 보상금 지급(의상자는 본인, 의사자는
배우자, 자녀, 부모, 조부모 및 형제자매 순으로 지급)
○ 의료급여, 교육보호, 장제보호, 취업 보호, 국립묘지 안장 등

다. 신청절차 및 방법

○ 사자 유족 또는 의상자와 그 가족이 지자체(시·군·구)에 보호 신청 → 자치
단체 → 시·도지사를 거쳐 보건복지부 장관에게 청구 → 보건복지부 의사상
자 심사위원회의 심사 및 결정
○ △신청자(의사상자보호신청서/재산피해명세서) △시·군·구(사실확인조사서/공적
조서) △경찰관서(사건발생확인서) △ 가족관계등록부 및 주민등록등본/진단서

(또는 검안서)

※ 양식은 '의사상자 등 예우 및 지원에 관한 법률' 대통령령 별지 참조

○ 의상자 본인 및 의사자 가족이 주소지 시·군·구청에 신청

라. 주관부서 및 관련문의

보건복지부(콜센터 129)

4. 긴급복지지원제도

갑작스러운 위기상황으로 생계유지가 곤란한 저소득층에게 생계·의료·주거지원 등 필요한 복지서비스를 신속하게 지원하여 조기에 위기상황에서 벗어날 수 있도록 돕는 제도

〈긴급복지지원법〉

가. 지원대상 및 요건

○ 소득상실·중한 질병·화재 및 가정폭력으로 위기상황에 처한 경우

- 가정폭력을 당하여 가구구성원과 함께 원만한 가정생활을 하기 곤란하거나 가구구성원으로부터 성폭력을 당한 경우
- 주 소득자 사망 등 사유로 소득을 상실한 경우
- 중한 질병 또는 부상을 당한 경우
- 가구구성원으로부터 방임 또는 유기되거나 학대 등을 당한 경우
- 화재 등으로 인하여 거주주택 또는 건물에서 생활하기 곤란하게 된 경우

○ 다른 법률에 따라 이 법에 따른 지원 내용과 동일한 내용의 구호·보호 또는 지원을 받은 경우가 아닐 것(중복 지원 불가)

- 소득: 기준 중위소득 75%
- 재산: 대도시 13,500만 원, 중소도시 8,500만 원, 농어촌 7,300만 원 이하
- 금융재산: 500만 원 이하(단, 주거지원은 700만 원 이하)

나. 지원내용

○ 의료지원: 각종 검사 및 치료 등 의료서비스 지원

○ 생계지원: 식료품비·의복비 등 생계유지에 필요한 비용 또는 현물 지원

○ 주거지원 또는 사회복지시설 이용 지원

○ 교육지원: 초·중·고등학생의 수업료, 입학금 등 필요한 비용 지원

○ 기타 연료비, 그 밖에 위기상황 극복에 필요한 비용 또는 현물 지원

다. 신청절차 및 방법

○ 대상자의 지원요청 → 현장확인 → 자치단체장 지원결정 → 긴급지원심의위원
  회 심의(지원중단·연장·비용반환)

○ 대상자는 시·군·구에 구술 또는 신청서 작성으로 신청가능

라. 주관부서 및 관련문의

보건복지부(콜센터 129)

5. 무보험 차량 교통사고 및 뺑소니 피해자 구조제도

> 뺑소니차나 무보험차에 의한 교통사고로 사망하거나 부상당한 자가 다른 수단으로는 전혀
> 보상을 받을 수 없는 경우, 정부에서 최소한의 구제를 목적으로 시행하고 있는 사회보장제도
> 〈자동차손해배상보장법〉

가. 지원대상 및 요건

○ 보유자 불명(뺑소니)·무보험·도난자동차 및 무단운전 중인 자동차에 의한
  사고 피해자(보유자가 피해자에 대한 손해배상책임을 면한 경우)

  ※ 적용제외: 대한민국 주둔 외국군대의 자동차사고 피해자/도로교통법 상 도로가 아닌 장소에
    서만 운행하는 자동차사고 피해자/국가배상법 등 타 법률에 따라 배상을 받는 경우 등

나. 지원내용

○ 사망사고: 최저 2,000만 원 ~ 최고 1억 원

○ 부상사고: 최고 2,000만 원

○ 장해사고: 최고 1억 원

※ 가해 운전자가 밝혀진 경우 가해 운전자 종합보험 또는 직접 손해배상 청구로 보상금 지급. 기 지급분에 대해서는 정부가 손해배상청구권을 대위 행사

다. 신청절차 및 방법

○ 경찰서 신고 → 병원 치료 → 보장사업 손해보상금 청구(13개 보험사)

※ 청구기한: 손해의 사실을 안 날(통상 사고발생일)로부터 3년 이내

라. 주관부서 및 관련문의

국토교통부(문의는 각 보험사)

6. 교통사고 유가족 지원제도

자동차 사고로 사망하거나 중증후유장해를 입어 경제적 어려움을 겪고 있는 피해자 및 그 가족 보호를 위해 지원하는 제도

가. 개요

주관기관	지원대상	지원구분		지원금액
교통 안전공단	중증후유장해자	재활보조금(무상)		월 20만 원
	유자녀	생활자금대출(무이자)		월 20만 원
		자립지원금		월 6만 원 이내
		장학금	초등학생	분기 20만 원
			중학생	분기 30만 원
			고등학생	분기 40만 원
	피부양노부모	피부양보조금(무상)		월 20만 원

주관기관	지원대상	지원구분		지원금액
녹색 교통운동	유자녀	장학금	초등학생	분기당 20만 원
			중학생	
			고등학생	분기당 30만 원

나. 교통안전공단 지원 제도: 1544-0049

※ 공통요건: 대상자와 생계를 같이하는 가족이 기초생활수급자 또는 차상위계층일 것

○ 중증후유장애인 재활보조금 지원
- 지원대상: 자동차 사고로 인하여 중증후유장애를 입은 사람
- 지원범위: 월 200,000원(지원신청 인원 등에 따라 변경될 수 있음)
- 지원기간: 1년 단위로 지원, 매년 심사 거쳐 요건 충족 시 계속 지원
○ 유자녀 자립지원금 지원
- 지원대상: 자동차 사고로 사망하거나 중증후유장애를 입은 사람의 18세 미만 자녀(고교재학의 경우 20세 이하)
- 지원범위: 월 60,000원 이내
- 지원기간: 만 18세가 되는 달까지(고교재학생의 경우 20세)
○ 유자녀 생활자금 대출
- 지원대상: 유자녀 자립지원금 지원대상과 동일
- 대출금액: 월 200,000원(무이자)
- 대출기간: 유자녀가 30세가 되는 달부터 상환
  • 대출기간 5년 미만은 15년 이내/5년 이상은 20년 이내 상환, 일시상환 가능
○ 유자녀 장학금 지원
- 지원대상: 유자녀 자립지원금 지원대상과 동일
  ※ △성적장학생(평균 석차 7등급 내) △특기장학생(체육, 예술, 과학, 기술, 수학, 외국어 또는 문학분야 등) △추천장학생(학교장 추천)
- 지원범위

대 상	지급금액	지원주기	신청(연2회) 및 지급기간
초등학생	분기 20만 원	분기 4회	• 3~4월 신청: 1년간 지원 • 9~10월 신청: 한 학기 지원
중학생	분기 30만 원		
고등학생	분기 40만 원		

○ 노부모 피부양보조금 지원

- 지원대상: 자동차 사고로 인하여 중증후유장애를 입은 사람이 부양하고 있던 (배우자의) 직계존속으로서 현재 부양의무가 없거나, 부양의무자가 있어도 부양받을 수 없는 65세 이상 노부모 등
- 지원범위: 월 20만 원(지원신청 인원 등에 따라 변경될 수 있음)
- 지원기간: 1년 단위로 지원, 매년 심사 거쳐 요건 충족 시 계속 지원

다. 녹색교통운동 지원 제도: 02-744-4855

○ 지원대상: 교통사고로 부모가 사망하거나 중증 후유장애를 입은 18세 미만 자녀로 생활형편 어렵고 타 기관 장학지원을 받지 못하는 자
○ 지원범위

대 상	지원금액	지급시기	지급기간
초등학생	분기당 20만 원	4, 7, 11월, 익년 1월	한 학년 (매년 4월 재선발)
중학생			
고등학생	분기당 30만 원		

※ 연중 수시 접수

라. 신청방법 및 절차

교통안전공단 혹은 녹색교통운동에 지원신청 접수 → 지원여부 자체 심사 → 지원결정 통보 → 지원대상자 계좌로 직접 지급

7. 형사소송절차상 배상명령

피해자가 별도의 민사소송을 제기하지 아니하더라도 형사 사건 또는 가정보호 사건의 가해자의 형사재판 또는 가정보호 사건의 심리과정에서 간편한 방법으로 민사적인 손해배상을 받아낼 수 있는 제도

〈소송촉진 등에 관한 특례법〉

가. 지원대상 및 요건

○ △강도, 절도, 폭력행위(폭행, 상해, 과실치상 등), 공갈, 사기, 횡령, 배임, 강간·추행 등 성폭력 및 손괴 사건 △가정폭력범죄(가정폭력범죄의 처벌 등에 관한 특례법 제56조)로 재산상·신체적 피해를 입은 경우

⟨ 배상명령 배제 사유 ⟩
• 피해자의 성명·주소가 분명하지 아니한 때
• 피해금액이 특정되지 아니한 때
• 피고인의 배상책임의 유무 또는 그 범위가 명백하지 아니한 때
• 배상명령으로 인하여 공판절차가 현저히 지연될 우려가 있거나 형사소송절차에서 배상명령을 함이 상당하지 아니하다고 인정한 때

나. 지원 내용

○ 범죄로 인한 직접적·물적 피해비용 및 치료비, 위자료 등 배상(가정폭력 사건은 부양료, 직접적인 물적피해, 치료비 등 배상 가능)

다. 신청절차 및 방법

○ 범죄의 직접적인 피해자 또는 상속인만 신청 가능하며, 형사재판 또는 가정보호 사건 심리에 증인으로 출석하여 증언할 때에는 구두로 신청
  - 또는, 2심 변론이 종결되기 전까지(단, 가정폭력 사건은 1심 종결 전까지) 배상명령신청서 제출
○ 확정된 배상명령 또는 가집행선고 있는 배상명령이 기재된 유죄판결서의 정본은 집행력 있는 민사판결 정본과 동일한 효력
○ 신청인은 배상명령이 각하되거나 일단 배상명령이 있으면 다시 배상명령 신청 불가, 인용된 금액 범위 내에서 민사소송 제기 불가

라. 주관부서 및 관련문의

사건이 계속 중인 각급 법원

8. 형사조정제도

> 재산범죄 고소 사건과 소년, 의료, 명예훼손 등 민사분쟁 성격의 형사 사건에 대하여 고
> 소인과 피고소인이 화해에 이를 수 있도록 지역사회 각 분야의 전문가들로 구성되어 검찰청
> 에 설치된 '형사조정위원회'에서 조정하는 제도
>
> 〈범죄피해자보호법〉

가. 지원대상 및 요건

○ 차용금, 공사대금, 투자금 등 개인 간의 금전거래로 인하여 발생한 분쟁으로
  인해 수사가 진행 중인 사건

• 사기, 횡령, 배임 등으로 고소된 재산범죄사
• 개인 간 명예훼손·모욕, 경계침범, 지적재산권 침해 등 고소 사건
• 기타 형사조정에 회부하는 것이 분쟁해결에 적합하다고 판단되는 고소 사건 및 이에 준하
  는 일반 형사 사건이 대상

나. 지원내용

○ 형사조정위원회에서는 당사자 모두의 동의 여부를 확인 후, 조정위원이 기록을
  검토, 당사자들의 의견을 듣고 합의점을 제안, 설득하여 당사자가 모두 찬성
  하면 조정성립

○ 조정이 성립되면, 담당검사는 형사조정성립을 정상참작사유로 고려하여 사
  건에 대한 처분

  ※ 합의되었다고 모든 사건에 대해 불기소 처분하는 것은 아님

  - 조정 불성립시 검사는 다시 사건을 송치받아 통상의 절차대로 조사 후 사
    건에 대한 기소 등 처분

다. 신청절차 및 방법

○ 당사자(피의자 및 범죄 피해자)의 신청 또는 검사 직권으로 수사중인 형사 사건
  을 형사조정에 회부

라. 주관부서 및 관련문의

사건 수사중인 각급 검찰청

9. 이주여성 지원제도

> 가정폭력, 성폭력, 성매매 등 폭력피해 이주여성에게 265일 24시간 모국어 상담 및 보호 시설긴급지원서비스 수행

가. 지원대상 및 요건

○ 가정폭력·성폭력·성매매 등 폭력 피해 이주여성

나. 지원내용

○ (모국어 상담) 다국적 이주여성으로 구성된 상담원이 가정폭력, 가족갈등, 성폭력, 성매매, 체류 법률 관련 24시간 상담

※ 지원 언어: 베트남어, 중국어, 타갈로그어, 캄보디아어, 우즈벡어, 몽골어, 러시아어, 태국어, 네팔어, 라오스어, 일본어, 영어

○ (이주여성 쉼터 운영) 가정폭력 피해 이주여성 및 동반아동에 대한 일시 보호·심리상담·법률상담 등 긴급지원(전국 7개소)

- 심리적 안정 및 사회적응을 위한 상담 및 치료
- 질병치료 및 건강관리를 위한 의료지원
- 수사기관의 조사 및 법원의 증인신문에의 동행
- 법률구조기관 등에 필요한 협조와 지원 요청
- 본국으로의 출국지원 또는 가족상담을 통한 가족회복 기능 등

○ (이주여성 자활지원센터 운영) 가정폭력 피해 이주여성 및 동반아동에 대한 사회 정착 등 장기적 지원(서울 1개소)

- 취 · 창업 교육 및 외부 전문교육훈련기관 연계
- 한국어 교육, 컴퓨터 교육, 생활문화 교육 등 사회정착을 위한 교육
- 취창업후 사후관리 및 동반아동의 육아 및 보육지원

다. 주관부서 및 관련문의

여성가족부 이주여성긴급지원센터(1577 – 1366)

10. 범죄 피해자 위치확인장치 및 이전비 지원 제도

강력범죄 피해자 또는 중대범죄의 신고자가 보복을 당할 우려로 신변보호 필요성이 인정 되는 경우, 위치확인장치를 대여하거나, 거주지 이전의 경우 이전비를 지원

가. 지원대상 및 요건

○ 보복 당할 우려가 있는 범죄 피해자, 중대범죄 신고자, 증인 및 그 친족이 범 죄피해 진술 및 범죄신고 등으로 인해 생명 또는 신체에 대한 위해나 재산상 피해를 입거나 입을 우려가 있는 경우

※ 중대범죄 신고자: 살인, 강도, 성범죄, 약취유인, 마약, 조폭, 보복범죄, 가정폭력, 아동학대 및 기타 이에 준하는 범죄

나. 지원내용

○ (위치확인장치) GPS 기능으로 위치확인이 가능한 장치를 대상자에게 배부, 위 급상황시 긴급버튼을 누르면 GPS 확인하여 출동요원이 현장 출동 및 구호 조치

○ (이전비) 보복우려로 인한 이전시 이전에 필요한 실비 지급

※ 관련 사건의 재판이 종료되기 전에 이사한 경우 신청가능

다. 신청절차 및 방법

○ 당사자 또는 수사중인 사법경찰관은 검찰청 민원실에 신청하고 수사 및 재판 과정에 있는 검사 직권으로 지원 가능

○ 당사자 또는 사법경찰관의 신청(위치확인장치 사용신청서 또는 이전비 지원신청 서 작성) → 수사·공판·피해자 전담검사 → 부장검사와 차장검사 결재 → 지원 결정

　　– 이전비 지원신청서 작성시에는 이전비 관련 영수증 등 증빙서류 첨부

라. 주관부서 및 관련문의

검찰청 피해자 지원실(국번없이 1301)

11. 강력범죄 피해현장 청소비 지원

주요 강력범죄 피해현장에 대한 정리비용을 지원, 신체적 피해 및 정신적 충격에 빠져있 는 피해자와 유족의 심적 안정과 신속한 일상생활 복귀 도모

가. 지원대상 및 요건

○ 살인, 강도, 강간, 방화, 폭력, 상해 등 강력범죄로 인해 혈흔 및 기타 흔적, 악취, 오폐물이 발생한 경우

○ 주거로 사용 중이거나 주거형태로 사용중인 건조물 등 사람이 정주할 수 있는 공간에 방화 또는 실화로 인해 불에 탄 경우

나. 지원내용

○ 범죄현장을 정리하는데 직접적으로 소요되는 비용 또는 용역비 지원, 범죄 피해자 지원센터 자체적으로 범죄현장 정리를 하는 경우 방재복, 안전장화, 안전장갑 및 특수약품 구입비 등

※ 6.3평 이하 면적의 경우 63만 원 한도 내, 이상의 경우 1평당 10만 원 범위 내에서 증액 가
능하며 총 60만 원까지 추가지원 가능

○ 예외적으로 벽지, 장판 등에 혈흔 등의 흔적이 지워지지 않는 경우 교체에 소요
되는 인건비, 물품구입 비용 지원 가능

※ 가재도구류 및 생활용품 등 범죄피해와 직접적 연관성이 없는 물품 등은 교체비용 지원대
상이 아님

다. 신청절차 및 방법

○ 당사자가 각 지역별 범죄 피해자 지원센터에 서면(사건사고사실 확인원, 공소장
등 범죄피해 입증서류 구비하여 제출)으로 신청

○ 범죄 피해자 지원센터에서 자체 심의회를 통해 지원 결정 → 범죄 피해자 지원
센터에서 범죄현장 정리 소요비용 확인 증빙서류 첨부하여 연합회로 제출 →
연합회에서 현장정리비용 지급

라. 주관부서 및 관련문의

검찰청 피해자 지원실(국번없이 1301)

12. 범죄 피해자에 대한 주거지원

> 범죄로 인해 신체 · 정신 · 재산의 전 부분에 걸쳐 막대한 피해를 입은 범죄 피해자에게
> 안정된 주거를 지원하여 신체적 · 정신적 안정감을 확보
> 〈주택공급에 관한 규칙〉

가. 지원대상 및 요건

○ 범죄피해로 인해 신체 · 정신 · 재산에 심각한 손해가 발생하여 기존 주거에서
생활하는 것이 현저히 곤란한 경우

- 범죄로 인해 주거를 상실한 경우(방화)
- 주거지가 범죄현장 또는 인근이어서 정신적 후유증으로 인해 거주가 곤란한 경우(살인, 강도, 강간 등)
- 주거지에서 생활하기 어려운 피해가 지속되는 경우(집단 괴롭힘, 명예훼손 등)

나. 지원내용

○ 무주택 세대구성원으로서 월평균소득이 도시근로자 가구당 월평균 소득의 70% 이하인 경우, (60㎡ 초과 주택의 경우 월평균 소득 이하면 가능) 국민임대주택을 주택규모에 따라 시중 전세시세의 55%~83% 수준으로 지원

○ 무주택 세대주로서 월평균소득이 도시근로자 가구당 월평균 소득의 50% 이하인 경우, 매입임대 (250~350만원 임대보증금) 또는 전세임대(전세지원한도액의 5%)로 지원

다. 신청절차 및 방법

○ 범죄 피해자는 사망진단서 및 재산피해 견적서 등 피해입증자료를 첨부하여 임대주택 지원신청서를 작성, 검찰청에 접수

○ 검찰청 범죄피해구조심의위원회 심사 → 국민임대주택신청용 범죄 피해자 확인증 발급 → 피해자는 확인증 첨부하여 국민임대주택 청약 신청 → LH와 피해자 간 계약을 통해 입주

※ 매입임대 또는 전세임대의 경우, 범죄 피해자 구조심의위원회의 추천대상자를 법무부에서 취합, 국토교통부에 통보

라. 주관부서 및 관련문의

검찰청 피해자 지원실(국번없이 1301)

❖ 참고 2: 일반 복지제도 안내

1. 국민건강보험제도를 이용한 보험급여지원

범죄피해는 보험급여 제한 사유에 해당하나 가해자 불명인 노상강도 · 폭행치상 등 피해를 입은 경우에 우선적으로 국민건강보험에 따라 치료 가능한 제도
〈국민건강보험법, 국민건강보험 요양급여 기준에 관한 규칙〉

가. 지원대상 및 요건

○ 가해자가 불명인 범죄 사건의 피해자

※ 가해자가 특정 가능한 경우 범죄 피해자에게 보험급여지원 후 가해자에게 구상권 행사

나. 지원내용

○ 입원치료의 경우 공단부담금 80%, 본인부담금 20%이고, 통원치료의 경우 공단부담금 50%, 본인부담금 50% 혜택

※ 외래진료는 대형병원보다는 동네 병 · 의원이, 도시지역보다는 농어촌지역이 본인부담이 적고, 고령자(65세 이상)의 경우 본인부담이 적음

– 다만, 가해자와 합의할 경우 합의 후 치료비는 보험급여 혜택 시 적용되지 않으므로 합의 시 고려해야 함

– 합의 후 보험급여 받은 경우 건강보험공단에서 피해자에게 부당이득금 반환을 청구

다. 신청절차

피해자 ⇒ 의료기관에서 치료 ⇒ 의료기관, 국민건강보험공단에 급여제한 여부 조회 ⇒ 국민건강보험공단의 건강보험 여부 결정(7일 이내) ⇒ 의료기관에 결과 통보

※ 고의 또는 중대한 과실로 인한 범죄행위 또는 고의로 사고를 발생시킨 경우에는 '보험급여 제한사유'에 해당하기 때문에 제한 여부를 조회하는 것임

라. 주관부서 및 관련문의

보건복지부(국번없이 129)/국민건강보험공단 급여관리실(02-3270-9197) 및
지역별 공단지부

2. 응급의료비용 미수금 대지급제도

> 응급환자가 응급상황에서 겪게 되는 경제적 어려움에도 불구하고 적시에 응급의료서비스를
> 받을 수 있도록 지원하기 위한 제도
>
> 〈응급의료에 관한 법률〉

가. 지원대상 및 요건

○ 응급 증상으로 진료 받은 자
  - 응급 증상에 해당되지 않으면서 응급실을 이용했다는 이유만으로 이용할
    수 있는 것은 아님
  - 진료비 지불능력이 있는 경우 이용 불가

나. 지원내용

○ 응급 의료비용을 국가가 의료(이송)기관에 대신 지급해주고 나중에 환자 본인
  을 포함한 상환의무자로부터 돌려받음

다. 신청방법

○ 각 병원에 비치된 '응급진료비 미납확인서'를 작성하여 병원에 제출
○ 건강보험 심사평가원에서 상환의무자에게 고지서를 발급하면 납부
  ※ 상환의무자: 환자 본인, 배우자, 1촌 이내의 직계혈족 및 그 배우자 또는 다른 법령에 의한
    진료부담 의무자

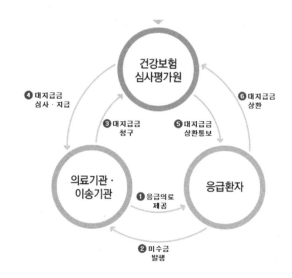

라. 주관부서 및 관련문의

건강보험심사평가원 수탁사업부(02 – 585 – 7191)

3. 영유아 보육료 지원

> 어린이집을 이용하고 있는 영유아뿐만 아니라 이를 이용하지 않고 직접 아이를 돌보는 가정에 보육료를 지원하는 제도
>
> 〈영육아보육법〉

가. 지원대상 및 요건

○ 만 0~5세 연령과 장애등록, 다문화, 난민 등 기준을 충족하는 영유아가구의 아동으로 대한민국 국적을 가지고 있으며 주민등록법에 의해 주민번호가 유효한 자

  ※ 단, 재외국민, 영주권자, 시민권자 등 국적이 상실되어 주민등록번호가 말소된 자는 지원하지 않음

나. 지원내용

○ 어린이집 이용 아동에 대한 보육료 지원

구 분	지원대상		지원규모
만 0~2세	전 계층	소득, 재산 수준과 무관	– 만 0세 394천원 – 만 2세 286천원 – 만 1세 347천원 – 만 3~5세 220천원
만 3~5세			
다문화가구	다문화가구		– 장애아반 편성아동: 394천원 – 만 3~5세 누리반아동: 414천원 – 일반아동반: 시도지사 고시 참고
장애아동	만 12세 이하		

○ 어린이집 미이용 아동에 대한 가정양육수당 지원
  – 소득수준에 관계없이 12개월 미만은 월 20만 원, 24개월 미만은 15만 원, 만5세 미만 영유아는 월 10만 원 지원
  – 단, 장애아동은 36개월 미만 20만 원, 36개월~만 5세(최대 84개월 미만) 10만 원, 농어촌 아동은 연령별로 10~20만 원 지원

다. 신청방법

거주지 읍·면·동 주민센터 방문 또는 인터넷(복지로) 신청

라. 주관부서 및 관련문의

보건복지부(국번없이 129)

4. 지급명령제도

채권채무, 대여금, 기타 금전 등의 지급에 대해 채권자와 채무자간의 다툼이 없을 것으로 예상되는 경우 채권자로 하여금 통상의 판결절차보다 신속, 저렴하게 채무명의를 얻게 하는 제도

〈민사소송법〉

가. 대상 및 요건

○ 모든 종류의 소송의 청구에 대하여 이용 가능하나, 일정한 액수의 금전, 일정한 양의 대체물 또는 일정한 양의 유가증권의 지급을 목적으로 하는 청구에만 한정

　※ 제한: 건물명도, 토지인도, 소유권이전 등기 청구 등에서는 이용할 수 없으며 현재 변제기 가 도래하여 즉시 그 지급을 청구할 수 있는 것이어야 함.

나. 내용

○ 지급명령 발령 후 채무자가 지급명령 정본을 송달받고도 14일 내 이의신청을 하지 않을 경우 지급명령 확정되고, 이를 근거로 강제집행 신청 가능

○ 채무자의 이의제기 시 지급명령절차는 통상의 소송절차(청구액 2,000만 원 이하인 경우 소액재판제도)로 이행

다. 신청절차 및 구비서류

○ 차용증 등 증거서류 준비하여 채무자 주소지, 근무지 관할 지방법원에 비치된 양식 이용, 신청

라. 관련문의

관할 지방법원, 지원 또는 시·군 법원 민원실

5. 소액심판제도

> 2,000만 원을 초과하지 않는 금전지급을 목적으로 하는 청구(체납관리비, 대여금, 금전채권, 손해배상청구)와 같이 비교적 단순한 사건에 대해 보통재판보다 신속하고 간편하며 경제적으로 재판을 받을 수 있도록 만든 제도
>
> 〈소액사건심판법〉

가. 대상 및 요건

○ 소송목적 금액이 2천만 원을 초과하지 않는 금전, 기타 대체물, 유가증권의 청구

나. 내용

○ 이행결정권고 후 14일 내 피고의 이의신청이 없을 경우 확정판결과 동일한 효력을 가지고 이행권고결정 정본으로도 강제집행 가능

다. 신청절차 및 구비서류

○ 대상자 주소지 관할 지방법원(종합접수실 또는 민사과)에 신청
  - 당사자의 배우자, 직계혈족, 형제자매 또는 호주 등도 법원의 허가 없이 대리인이 될 수 있음.
○ 구비서류: 소장(법원 종합접수실에 비치), 채권자 및 채무자의 주소를 명확히 할 수 있는 서류, 채권을 주장할 수 있는 증빙서류, 인지대, 송달료
  ※ 대리인의 경우 소송위임장과 대리인과의 관계를 증명하는 가족관계증명서, 주민등록등본 등을 첨부

라. 관련문의

관할 지방법원, 지원 또는 시·군 법원 민원실

6. 국민기초생활보장제도

> 가족이나 스스로의 힘으로 생계를 유지할 능력이 없는 저소득층에 국가가 생계와 교육·의료·주거 등의 기본적인 생활을 보장해 주는 제도
>
> 〈국민기초생활보장법〉

가. 대상 및 선정기준

○ 소득인정액 기준: 소득인정액이 가구별 최저생계비 이하

가구원 수	1인	2인	3인	4인	5인	6인	7인
2018년 기준중위소득	1,672,105	2,847,097	3,683,150	4,519,202	5,355,254	6,191,307	6,946,776

○ 부양의무자 기준: 부양의무자가 없거나, 부양의무자가 있어도 부양능력이 없거나 부양을 받을 수 없는 사람으로서 소득인정액이 급여종류별 선정기준 이하인 사람

나. 지원내용

생계·주거·교육·해산·장제급여 등

종 류	내 용
생계급여	수급자에게 의복·음식물 및 연료비, 기타 일상생활에 기본적으로 필요한 금품을 지급
주거급여	수급자에게 주거안정에 필요한 임차료, 유지수선비 등을 지급
교육급여	수급자에게 적정한 교육기회 제공을 위해 학비, 교과서대, 부교재비, 학용품비 등을 지급
해산급여	수급자 가구의 임산부가 조산 및 분만 전후 출산을 위해 필요한 조치와 보호를 받도록 제공
장제급여	수급자가 사망한 경우 검안·운반·화장 또는 매장 등의 장제를 치루는 데 필요한 비용을 지급

다. 신청방법 및 구비서류

○ 읍·면·동사무소에 급여신청을 하면 신청일로부터 14일 이내 시·군·구청
 에서 소득·재산조사 후 급여결정 및 통지
○ 구비서류: 제적등본, 임대차계약서, 소득·재산 확인서류, 외국인등록사실증
 명서 등

라. 주관부서 및 관련문의

보건복지부(국번없이 129)

❖ 참고 3: 피해자전담경찰관 운영계획

> 내실 있는 보호활동을 수행할 전담 경찰관을 배치, 피해자 전담체계 구축 및 특화된 지원 활동 전개

1. 추진배경

- ○ 전통적 형사사법체계에서 피해자는 증인 등의 제3자적 지위에 머물렀으나 '회복적 사법' 개념의 도입으로 피해자보호 중요성 부각
- ○ 피해 직후 경찰단계가 피해회복과 피해자보호의 골든타임으로, 차별화된 피해자 보호정책 발굴과 시행을 위한 체계 마련

2. 추진방침

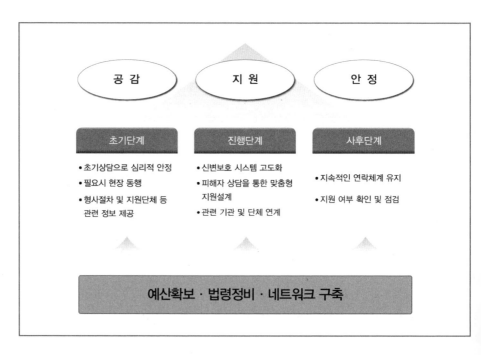

○ **공감**: 초기 상담으로 심리적 안정을 유도하고 필요시 현장 동행 및 형사절차 관련 기본 정보 제공을 통해 공감대 형성
○ **지원**: 피해자의 수요(Needs)를 고려한 맞춤형 지원 설계 및 신변보호 시스템을 고도화하여 경찰의 피해자보호업무 내실화
○ **안정**: 피해자와 지속적인 연락체계를 유지하고 지원결과 확인 등을 통해 피해자의 피해회복과 정상생활 복귀 도모

3. 운영방안

가. 인력배치

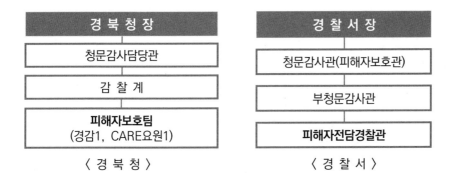

〈 경 북 청 〉   〈 경 찰 서 〉

○ **〈지방청〉** 지방청은 감찰계 내 피해자보호팀장(경감) 및 피해자심리전문요원 (CARE) 배치로『피해자보호팀(2명)』운용
　※ 기존 피해자심리전문요원(CARE)은 살인 등 중요사건 전담 및 경찰서 피해자전담경찰관 요청 사건에 대해 심리 상담 지원
○ **〈경찰서〉**
　－ **(공통)** 부청문관이 담당하던『피해자 대책관*』업무를 청문감사관(경무과 장)으로 상향,『피해자 보호관』으로 명칭 변경
　　※ '피해자 대책관' 업무: 범죄피해자보호규칙(경찰청 훈령) 제9조
　－ **(1급지)** 청문감사관실 내 피해자전담경찰관(전종요원) 배치
　－ **(2·3급지)** 기존 청문감사관실 내 인권보호업무 담당이 피해자전담경찰관 업무 담당(현원유지)

○ **〈배치기준〉** △ 상담심리 · 사회복지 전공자 및 관련 자격증 소지자 △ 수사부서 근무 경력자(수사경과자 포함) △ 피해자 지원 관련 대외협력에 능통한 자 우선 고려

나. 근무형태

○ 피해자전담경찰관은 사복 · 일근 근무를 원칙
○ 근무장소는 청문감사관 사무실 내로 하되 피해자 상담을 위한 별도의 상담실 마련 권장

　　※ 지방청은 기존 사무실 내 '인권상담실' 활용

4. 임무 및 활동

가. 피해자 지원

○ **〈대상〉**
　－ **(필수 사건)** △ 살인 · 강도 · 방화 △ 중상해, 체포 · 감금, 약취 · 유인 등 주요 폭력 △ 교통사고 사망 · 중상해* 사건

　　※ 교통사고 중상해: 신체불구나 영구장애 등으로 8주진단 + 1주입원 (피해자 지원카드)

　－ **(요청 사건)** 이외 각 기능에서 피해자 지원이 필요하다고 판단, 별도로 요청하는 사건
○ **〈활동〉** 사건 진행에 따라 공감 ⇒ 지원 ⇒ 안정 단계별 보호활동 전개
　－ '필수 사건'은 사건초기부터, '요청 사건'은 지원 요청 시부터 지역 및 개인 맞춤형 세부 정보제공과 지원 활동 수행

– 단계별 활동지침

단계별	활동지침
사건초기 (공감)	• 강력 사건 등 발생 시 초기상담을 통해 피해자의 아픔에 공감, 심리적 안정 유도하고 Needs를 파악(필요 시 현장 출동) • 피해자 권리 및 구조제도 등에 관한 기본적 정보 제공
사건진행 (지원)	• 현장검증 · 임시숙소 퇴실 관련 필요 시 동행 • 피해자 신변보호 관련 필요한 조치 실시 • 피해회복을 위한 다양한 지원 제도를 맞춤형으로 설계하여 전문단체 · 유관기관 · 지방자치단체 등에 연계 • 노인 · 아동 등 사회적 약자에 대해서는 단순 연계에 그치지 않고, 직접 동행하거나 신청절차 대행
사건후기 (안정)	• 주기적인 연락과 지속적인 관심을 통해 정상적인 생활 복귀 도모 (사후 모니터링)

○ 〈피해자보호업무 흐름도〉

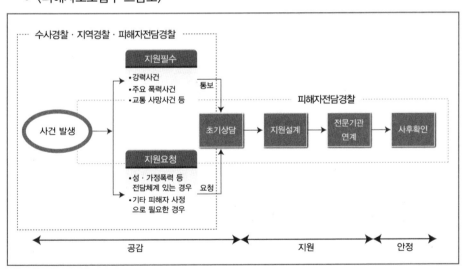

나. 협조체계 구축

○ (**현황파악**) 피해자 지원을 위해 연계 가능한 관내 피해자 지원단체 및 유관기관을 데이터베이스화(DB)하여 협력체계 구축

○ **(업무협약)** 원활한 연계업무를 위한 관련 단체 간 **MOU** 등 추진

※ 기존 각 기능별·경찰서별로 체결된 MOU 및 연계 유관단체·기관 적극 활용

다. 교육 및 홍보

○ **(내부교육)** 피해자에 대한 정보제공의무* 및 피해자전담경찰관의 역할과 연계 절차에 대한 경찰관 인식 전환 유도

○ **(외부홍보)** 관서 홈페이지 내 피해자 보호 관련 정보 재정비 등

5. 평가계획

○ 피해자보호·지원 우수 유공자에 대한 특진·표창 등 포상을 통해 사기진작 및 추진동력 확보

- 근무 의욕 및 동기 부여를 위해 성과평가요소를 포함한 포상계획 별도 하달 예정(본청 계획 수립 중)

6. 행정사항

▪ 112종합상황실장은

○ 필수 사건 대상범죄 112신고접수시, 청문감사관실(피해자보호팀)로 통보

※ 112신고처리표(타부서통보용) 및 상황보고서 포함

▪ 형사과장은

○ 피해자 지원 '필수사건' 접수 즉시 피해자 지원카드 작성 협조

○ 피해자전담경찰관 대상 KICS 피해자 지원카드 열람 권한 부여

- KICS 피해자 지원카드 작성 필수대상(범죄 피해자의 정보공유 범위)에 체포·감금, 약취·유인 등 필수 사건 추가

▪ 경비교통과장은

○ 교통사고 중상해·사망사건 발생 시 피해자 지원카드 작성 및 통보

▦ 정보화장비담당관은

○ 원활한 피해자 지원 활동을 할 수 있도록 피해자 전담경찰관에게 관서별 업무용 휴대폰 1대씩 지급 협조

▦ 각 경찰서장은

○ 원활한 피해자 지원 활동을 할 수 있도록 사무공간 확보 및 공용차량 적극 지원, 관서 예산 범위 내 매월 특정업무경비 지급

○ 1급서 피해자전담경찰관에게 피해자보호업무 외 기존업무 부여 자제(초기 업무 정착시까지 현장진출업무 많음)

해외 진술조력인 제도

01

총 론

　진술조력인 제도의 필요성과 유익에도 전 세계의 모든 국가가 진술조력인 제도를 도입하고 있는 것은 아니다. 현재까지는 취약한 피해자의 보호에 대하여 선진적인 의식을 갖춘 일부 국가들에서 진술조력인 제도를 도입하여 시행하고 있다. 그런데 이러한 진술조력인 제도가 시행되고 있는 국가 간에도 제도의 구체적인 모습에는 저마다 차이점을 지니고 있다. 각 국가의 역사적 또는 문화적 배경에 따라 '취약한 피해자의 보호'라는 대전제하에서도 중요하다고 여겨지는 구체적인 측면, 즉 가치관이 서로 다를 수도 있고 국가의 여러 가지 특성(예, 인구통계적 특성, 범죄 관련 특성 등)의 영향을 받을 수 있기 때문이다. 이러한 차이점이 반영되어 서로 다른 특성 및 장단점을 가진, 서로 다른 모습의 진술조력인 제도를 서로 다른 나라에서 가지고 있다. 따라서 세계 각국의 진술조력인 제도를 살펴보는 것은 진술조력인 제도에 대하여 보다 포괄적인 시각을 키우는 데 도움이 될 것이다. 또한 여러 나라의 진술조력인 제도를 참고함으로써 대한민국에서 취약한 피해자 보호에 대하여 가진 접근법이나 철학, 가치관, 우리나라의 진술조력인 제도가 가진 상대적 장점이나 특성, 보완되어야 할 점 등에 대하여 보다 객관적으로 이해할 수 있다.

02

영 국

1. 영국의 진술조력인 제도

영국의 진술조력인 제도는 Witness Intermediary Scheme(WIS)으로 불린다. 이 제도는 2004년에 처음으로 잉글랜드(England)와 웨일스(Wales)에서 시험적으로 도입되었고, 2008년부터 전국적으로 시행되기 시작했다. 진술조력인 제도의 이름인 WIS에 담겨 있는 "witness" 즉 '증인'이라는 단어에서 알 수 있듯이 영국의 진술조력인 제도가 취약한 피해자에게 제공하는 지원은 주로 범죄 피해자가 취약한 증인(vulnerable witnesses)으로서 재판에서 증언할 때에 집중되어 있다(그러나 재판에만 국한되는 것은 아니며, 경찰 조사 시, 특히 진술 청취 및 녹취 단계에서도 진술조력인이 도움을 제공할 수 있다). WIS의 두 번째 단어인 "intermediary"는 중개자, 매개자를 의미한다. 즉, 진술조력인이 증인과 다른 주체들(경찰, 판사, 검사, 피고 측 변호사 등) 간에 이루어지는 대화를 중개하고 매개하는 역할이 강조된 명칭이다. 정리하자면, 영국 진술조력인 제도 도입의 목적은 형사사법절차에서 취약한 증인의 증언 시 증인과 다른 주체들 간의 의사소통을 도움으로써 증거(즉 증언)의 질을 향상시키는 것으로 볼 수 있다(법무부, 2013b; O'Mahony, 2010).

증언의 질을 판단하는 세 가지 기준은 완전성(completeness), 일관성(coherence), 정확성(accuracy)이다. 따라서 진술조력인은 취약한 증인과 의사소통을 할 때 이 세 가지 기준에 있어 향상된 증언을 얻을 수 있도록 하는 역할을 담당한다. 재판에서 취약한 증인과의 의사소통에는 증인에 대한 질문과 증인의 답변, 양방향 모두가 포함된다. 보다 구체적으로 말하면, 법정에서 진술조력인의 역할은 증인과 재판의 다른 참여자들 간 양방향 의사소통을 촉진하는 것이다. 즉, 증인에게 던져지는 검사, 피고 측 변호인, 판사의 질문을 취약한 피해자가 이해하기 쉬운 방식으로 전달하는 것과, 반대로 취약한 피해자의 답변을 검사, 피고 측 변호인, 판사 등 듣는 사람들에게 이해하기 쉽도록 전달하는 것이다.

현재와는 달리 영국에서 처음부터 진술조력인 제도의 필요성 및 실효성에 대하여 지지하는 의견만 존재했던 것은 아니다. 제도 도입 초기에는 진술조력인 제도 도입을 둘러싸고 두 가지 쟁점에 대한 갈등이 존재했다. 첫 번째 쟁점은 법정에서 진술조력인이 반대신문 과정의 방해가 될 것이라는 우려였다. 두 번째 쟁점은 진술조력인이 법정에서 공정성을 유지하지 못하고 증인을 지지할 것이라는 염려였다. 그러나 이러한 우려와는 달리 영국의 진술조력인들은 증인을 지지하거나 변호하는 역할이 아닌 중립적이고 독립적인, 의사소통의 중개자 역할을 수행해 오고 있다.

영국에서 취약한 범죄 피해자를 돕기 위한 진술조력인 투입은 "특별 조치(Special Measures)"의 신청을 통해서 이루어진다(법무부, 2013b). '특별 조치'는 "Youth Justice and Criminal Evidence Act 1999"라는 법에 의해 취약한 증인들이 증언할 때 도움을 제공할 수 있도록 도입되었다(O'Mahony, 2010). 특별 조치에 의해 형사사법절차의 초기 단계에서 주로 경찰이 피해자가 취약한 증인인지 여부를 확인하여 그렇다고 판단될 경우 특별 조치를 신청하게 된다.

취약한 증인의 범위에 해당되는 사람은 (1) 17세 이하의 모든 아동 증인, (2) 신체적 장애나 신체적 기능에 문제가 있는 증인, (3) 학습 장애나 정신 질환이 있는 증인, (4) 성범죄 피해자와 같이 특수한 스트레스나 고통을 경험하고 있는 증인과 위협받는 증인(intimidated witnesses) 등이다(Burton, Evans, & Sanders, 2007; O'Mahony, 2010). 취약한 증인에 해당하는 학습 장애인이 범죄의 피해자인 경우, 이들의 진술과 증언이 신뢰할 수 없다고 여겨져서 사건 자체가 형사사법절차에서 심각하게 다루어지지 않는 경우가 많았다(Sharp, 2001). 이처럼 증인의 취약성으로 인하여 이들 증언의 질이 약화되는 것을 방지하기 위한 조치가 바로 특별 조치라고 볼 수 있다. 한 연구에 의하면 영국 잉글랜드와 웨일스의 검찰 기소 재판에서 증인으로 섰던 사람 전체 중 24%가 취약한 증인이었다(Burton et al., 2007). 이처럼 취약한 증인에 해당되는 사람의 수가 무시할 수 없는 수준이므로 취약한 증인이 제공하는 증언의 질을 높이는 것은 더더욱 중요한 문제로 볼 수 있다.

취약한 증인에 해당하는 조건 중, 네 번째 항목에서 언급된 '위협받는 증인'은 위협으로 인해 경험하는 공포나 걱정 때문에 증언의 증거로서의 질이 약화될 위험이 있으므로 특별 조치의 도움을 받을 수 있도록 하였다. 위협받는 증인을 판단하는 몇 가지 기준이 존재한다. 증인의 사회적, 문화적, 민족적 배경이나 증인의 가정 내 지위 또는 취업 상황, 증인의 종교적 믿음이나 정치적 견해 등을 고려하여 위협받는 증인에 해당하는지 판단하게 된다. 또한 증인의 가족이 고소당했을 경우에도 위협받는 증인으로 판단할 수 있다.

만약 증인이 앞서 언급된 바와 같은 특성, 즉 취약성을 가진 것으로 판단되면 특별 조치를 취해야 하는데, 진술조력인의 적용은 특별 조치 중 한 가지이다. 진술조력인 적용 외에도 취약한 증인이 법정에 서지 않고 법원 빌딩 안의 독립된 공간에서 CCTV 링크를 통해 증언하거나 경찰서에서 녹취한 증언을 증거로 사용하도록 허락하는 것, 의사소통에 도움을 주는 도구를 사용하는 것, 방청객을 퇴장시키는 것 등도 특별 조치에 해당한다(Burton, Evans, & Sanders, 2007; O'Mahony, 2010). 제도 도입 초기에는 특별 조치가 검찰 측의 증인에게만 제한적으로 적용되었다. 그러나 점차적으로 피고 측 증인에게도 단계적으로 도입되고 있다. 단, 피고인 본인은 특별 조치 및 진술조력인 적용 대상에서 제외되었으나, 최근 취약한 피고인에게도 진술조력인을 적용하도록 하는 법이 통과되었다(O'Mahony, Smith, & Milne, 2011).

2. 진술조력인 활용 절차

구체적인 진술조력인 활용 절차는 다음과 같다([그림 4-1] 참고). 제일 첫 단계는 증인이 "등록된 진술조력인(Registered Intermediaries)[1]"을 필요로 하는지 일차적으로 경찰이 판단하는 것이다. 만약 증인이 진술조력인을 필요로 한다고 경찰이 판단하게 되면 경찰은 진술조력인 투입에 대하여 검사와 의논하고, 증인에게는 이와 관련된 사항에 관하여 동의를 구한다. 이때, 진술조력인 도입을 가능하도록 하기 위하여 증인이 동의해야 하는 내용은 크게 두 가지로 나눌 수 있다. 첫째는

---

1) 영국에는 등록된 진술조력인(Registered Intermediaries: RI)과 등록되지 않은 진술조력인(Non Registered Intermediaries: NRI)모두 존재한다. 다만 Witness Intermediary Scheme(WIS)에 의해 운용되는 진술조력인은 등록된 진술조력인 뿐이다.

경찰을 위한 동의이고, 둘째는 진술조력인을 위한 동의이다. 먼저, 증인이 경찰에게 제공하는 동의는 경찰이 증인에 대하여 진술조력인이 작성한 보고서의 사본을 받을 수 있다는 것이다. 경찰은 진술조력인의 보고서를 받아 범죄 및 피해 조사에 활용한다. 둘째로, 증인이 진술조력인에게 제공하는 동의는 진술조력인이 사건에서 증인과 관련된 모든 보고서를 참고할 수 있도록 허용한다는 내용과, 진술조력인이 증인의 교사, 의사 등 증인을 아는 사람들에게 연락을 취하여 이야기할 수 있도록 허용한다는 내용이다. 진술조력인이 증인을 효과적으로 돕기 위해서는 피해자의 상황이나 상태에 대한 자료를 사전에 필요로 할 수 있다. 두 번째 동의서는 이러한 자료들에 대한 접근 권한을 진술조력인에게 허가하기 위한 것이다.

만약 경찰이 증인에게 진술조력인의 도움이 필요하지 않다고 판단한 경우에라도 검사가 달리 판단하는 경우에는 여전히 취약한 증인을 위한 진술조력인 신청을 할 수 있다. 증인으로부터 진술조력인 적용과 관련된 동의를 얻고 나면 경찰 혹은 검사가 NPIA(National Policing Improvement Agency - Specialist Operations Centre, 국립경찰력증진기관 – 전문인력운용센터)에서 운영하는 진술조력인을 연계해 주는 부서(WIS Matching Service)에 진술조력인을 요청하는 서식을 작성하여 제출한다(법무부, 2013b; O'Mahony, 2010). 진술조력인 요청 서식을 받은 NPIA는 날짜, 위치, 필요로 하는 기술 등을 고려하여 적합한 진술조력인에게 연락을 취한다. 여기에서 '필요로 하는 기술'은 증인과 라포를 형성하고 의사소통을 하는 데 필요한 기술을 의미한다(The Registered Intermediary Procedural Guidance Manual 2015). 연락을 받은 진술조력인은 24시간 이내에 의뢰받은 진술조력의 가능 여부를 결정하여, 가능할 경우 활동을 시작한다.

앞서 제시된 개념인 '등록된 진술조력인'이란 영국의 법무부에서 관리하는 진술조력인 시스템에 자격을 갖추고 등록되어 있는 진술조력인을 의미한다. 영국은 법무부에서 검찰 측 증인과 피고인 측 증인 지원을 위해 진술조력인을 모집하고 선발, 훈련, 인준하는 책임을 맡고 있다. 이렇게 일정한 자격을 갖추고 법무부에 의해 선발된 뒤, 특정 교육 기관에서 훈련 및 교육을 받은 진술조력인들이 영국 법무부의 진술조력인 데이터베이스인 "Intermediary Register"에 등록된다. 이러한 사람들이 "등록된 진술조력인"이다. 등록된 진술조력인은 경찰, 검찰 및 법원에서 필요 시 연락을 취하여 이용할 수 있다. 진술조력인 양성 및 보수 교육은 법무부에서 직접 실시하지 않고 런던 시티 대학 법대(City University Law School) 및 킹스턴

대학(Kingston University)에서 위탁을 받아 진행하고 있다(법무부, 2013b).

[그림 4-1] 영국의 진술조력인 활용 절차

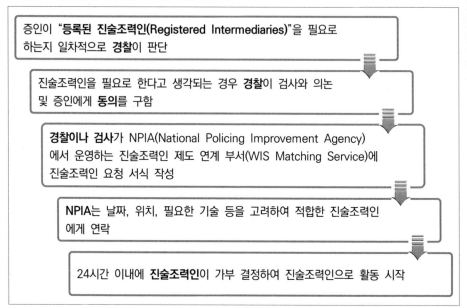

증인이 **"등록된 진술조력인(Registered Intermediaries)"**을 필요로 하는지 일차적으로 **경찰**이 판단

진술조력인을 필요로 한다고 생각되는 경우 **경찰**이 검사와 의논 및 증인에게 **동의**를 구함

경찰이나 검사가 NPIA(National Policing Improvement Agency)에서 운영하는 진술조력인 제도 연계 부서(WIS Matching Service)에 진술조력인 요청 서식 작성

NPIA는 날짜, 위치, 필요한 기술 등을 고려하여 적합한 진술조력인 에게 연락

24시간 이내에 **진술조력인**이 가부 결정하여 진술조력인으로 활동 시작

등록된 진술조력인들의 직업적 배경을 살펴보면 진술조력인으로 활동하기 위하여 어떤 경력, 능력, 또는 기술을 필요로 하는지에 대하여 알 수 있다. 영국에서 진술조력인으로 활동하고 있는 사람들이 진술조력인이 되기 전에 종사했던 직업은 심리학자, 언어 치료사 및 작업 치료사, 사회복지사, 전직 경찰관, 교육 분야 종사자, 간호 관련 업무 등으로 다양하다(O'Mahony, 2010). 뿐만 아니라, 등록된 진술조력인들 중에서는 자신의 분야에서 10년 이상의 경력을 지닌 관련 분야 전문가들이 다수를 차지한다.

영국 진술조력인 제도에서 보완되어야 할 사항 중 한 가지는 형사사법절차의 초기 이루어져야 하는 취약한 증인 선별의 정확성이다. 증인과의 면담에서 증인의 취약성과 의사소통에의 도움의 필요성을 인식하고 진술조력인을 요청하는 것은 경찰의 책임이다(Plotnikoff & Woolfson, 2015). 취약한 증인이라 할지라도 경찰 또는 검사에 의해 취약한 증인으로 판단되지 않을 경우 증인이 진술조력인의 도움을 받지 못한 채로 법정 증언을 해야 하는 일이 발생할 수 있기 때문이다. 실제로 경한 수준의 학습 장애를 가진 증인의 경우 증인이 가진 인지적 능력이 과대평가되는 경우가 보고되기도 한다(Gudjonsson, 2003).

3. 진술조력인의 역할

영국 진술조력인의 역할은 크게 증인 평가, 조사 지원, 법정 증언 지원의 세가지로 구분할 수 있다. 범죄 사건이 발생했을 때 형사사법절차가 진행되는 순서에 따라 진술조력인은 증인 평가, 조사 지원, 법정 증언 지원의 순서로 역할을 담당하게 된다. 증인 평가는 조사 면담 전, 조사 지원은 증인 평가 후에 경찰의 증인면담 전이나 면담 동안 또는 면담 직후에 이루어진다. 마지막으로 법정 증언 지원은 재판이 이루어지는 동안 이루어진다. 세 가지 역할 각각에 대하여 보다 구체적으로 살펴보겠다.

먼저, 진술조력인의 증인 평가는 경찰이 취약한 증인에 대한 조사적 면담을 실시할 때, 또는 증인 신문을 하기 전에 이루어진다. 진술조력인이 증인을 만나 증인의 증언 능력과 의사소통 능력의 취약성을 직접 평가하는 과정이다. 진술조력인은 증인에 대한 평가를 수행하기 전에, 각 분야의 전문가들로부터 증인에 관련된 보고서 사본을 확보하여 증인에 대한 정보를 취합한다. 이러한 과정은 해당 정보를 진술조력인에게 제공하겠다는 증인의 동의에 의해 이루어진다. 이에 따라 진술조력인은 증인의 교사, 의사, 심리상담가 또는 심리 치료사 등과 같이 증인에 대한 정보를 제공해 줄 수 있거나 증인 평가에 도움을 줄 수 있는 사람들에게 연락을 취하여 정보를 수집한다. 이처럼 증인과의 첫 만남 이전에 진술조력인이 미리 증인의 상태에 대한 정보를 최대한 충분히 수집하여 증인과의 상호작용 및 소통에 필요한 원칙을 제시해야 한다(O'Mahony, 2010). 진술조력인이 평가하는 내용은 의사소통 능력과 언어적 능력에 한정된다. 증인이 범죄피해 사건과 관련된 정확한 기억을 가지고 있는지, 또는 진실과 거짓을 이해하는 능력이 있는지 등은 조사적 면담 시에 경찰에 의해서 이루어진다. 어떤 경우, 어떤 단계에서도 진술조력인은 증인의 진술이 사실인지 여부 또는 신뢰할 수 있는지에 대한 자신의 의견을 표현해서는 안 된다(Ministry of Justice, 2015). 진술조력인의 평가의 객관성을 확보하기 위하여 증인 평가는 제3자의 출석 하에 이루어지게 된다. 객관성 확보를 위한 증인 평가에 출석하는 제3자는 주로 경찰이 담당한다(법무부, 2013b).

다음으로, 경찰의 증인 조사를 지원하는 역할이다. 증인 조사 지원은 증인 평가 결과를 바탕으로 하여 경찰이 증인 조사를 하는데 도움이 될 정보 및 조언을 제공하는 것이다. 이를 위하여, 진술조력인은 증인 평가 내용을 바탕으로 한 예비 보고서를 작성하여 경찰에게 제공한다. 이 과정 또한 증인의 사전 동의하에 의해 이루어진다. 뿐만 아니라 조사실을 준비하는 방식에 대한 진술조력인과 경찰의 사전 협의도 이 단계에서 이루어져야 한다. 조사실 준비를 위한 사전 협의에서 논의되는 내용에는 증인이 조사 상황에 대한 이해를 가지고 있는지, 증인과의 대화에서 사용해야 하거나 회피해야 하는 어휘가 있는지, 바람직한 질문 방식은 무엇인지 등이 포함된다. 뿐만 아니라 조사실에 놓일 좌석의 종류 및 위치, 마이크와 비디오, 카메라 등의 세세한 위치에 대하여도 경찰-진술조력인 간 사전 협의가 이루어진다. 또한 필요하다고 판단되는 경우, 증인과 경찰 간의 의사소통을 도울 수 있는 보조 도구를 사용하는 방법을 진술조력인이 경찰에게 안내하기도 한다. 추가적으로 취약한 증인을 대상으로 한 조사 면담 시, 휴식 시간은 얼마나 자주 또는 길게 가지는 것이 적절한지, 조사실에 어떤 사람들이 동석하는 것이 적절한지 등에 대한 의견도 제시한다. 경찰의 증인 면담이 끝나면 진술조력인은 최종 보고서를 작성한다(법무부, 2013b).

마지막으로, 진술조력인은 법정에서 증인의 증언을 지원하는 역할을 담당한다(법무부, 2013b). 단, 이는 취약한 증인이 법정에서 진술조력인의 도움을 받는 것을 법원에서 받아들인 경우에만 해당된다. 이 경우, 취약한 증인이 증언하기 전에 미리 판사, 변호인, 진술조력인이 기본적인 규칙을 정하는 심리공판(ground rules hearing)을 열어 취약한 증인의 증언과 관련된 필요 사항에 대하여 협의한다. 이 심리공판은 진술조력인이 적용되는 모든 재판에서 필수적으로 반드시 열도록 되어 있다(Plotnikoff & Woolfson, 2015). 이때 진술조력인은 자신의 역할이 취약한 증인과 다른 주체들의 상호작용을 위해 모든 주체를 돕는 것임을 분명히 하는 기회로 삼는다. 이 심리공판에서 협의가 이루어지는 사항들에는 증인이 이해할 수 있는 질문의 방법, 증인이 질문을 이해하지 못하였거나 휴식을 필요로 할 때 진술조력인이 이를 판사에게 알릴 수 있는 방법, 증인에 대한 반대 신문 시 유의해야 할 사항 등이 포함된다. 주체들 간에 확실히 동의된 기본 규칙이 있으면 재판 중 진술조력인이 개입해야 하거나 판사가 질문을 정정할 것을 요구하는 등의 일이 줄어들 수 있다(Plotnikoff & Woolfson, 2015).

재판이 진행되는 동안에는 증인은 법정의 증인석에서 진술하거나 독립적인 방에서 라이브 영상 링크를 통해 증언할 수 있다. 진술조력인은 증인과 함께하며, 꼭 필요한 경우 재판 도중에 개입하여 중재할 수 있다. 여기에 해당되는 경우는 취약한 증인에게 너무 복잡한 질문이 던져진 경우나 사전에 정해 놓은 기본 규칙이 지켜지지 않는 경우 등을 들 수 있다(O'Mahony, 2010).

4. 영국의 진술조력인 양성 제도

영국의 진술조력인 제도를 담당하는 기관은 담당 기관은 법무부로, 진술조력인 지원자를 모집하고 선발하여 교육하고 파견하는 일의 책임 기관이다. 그러나 진술조력인을 교육하고 훈련하는 업무는 직접 담당하고 있지 않으며, 몇몇 대학에 위탁 실시하고 있다. 먼저, 런던의 시티 대학 법대(City University Law School)에서 2003년부터 법무부의 요청으로 위탁 교육을 실시해 오고 있다. 또한 킹스턴 대학(Kinston University) 로스쿨에서도 2013년부터 진술조력인 위탁 교육을 실시 중이다(법무부, 2013a).

영국 법무부가 진술조력인을 모집하기 위해 발표했던 모집 공고의 자격 조건을 살펴보면 영국에서 진술조력인에게 요구하는 능력에 대하여 알 수 있다. 2010년도의 진술조력인 모집 공고에서는 사법 제도 내에서 의사소통 능력을 평가하고 촉진시킬 수 있는 능력이 있으며 진실성이 있는 사람을 원하고 있다. 또한 언어치료사, 작업치료사, 심리학자, 사회복지사, 교사, 간호사 등 다양한 전문 영역 및 직업적 배경을 가진 사람들의 지원을 받았다.

진술조력인의 선발 절차는 다음과 같다. 우선 법무부의 진술조력인 심의 위원회(Intermediaries Registration Board: IRB)에서 모집 공고를 내고, 지원자들을 대상으로 서류 심사를 실시한다. 서류 심사에 통과한 지원자들은 진술조력인 교육 대상이 된다. 지원자들은 교육 이수 후에 최종 평가를 거쳐 이 평가를 통과한 사람들이 최종적으로 진술조력인으로 등록된다.

선발 단계에서 이루어지는 진술조력인 교육의 목적은 다음과 같다. 첫째, 교육 참여자들이 영국 형사사법제도가 가지고 있는 핵심적 특징에 대한 이해를 갖도록 하는 것이다. 형사사법제도를 따라 일해야 하는 직업인만큼 형사 제도에 대한 올바른 지식을 가지는 것이 반드시 필요하다. 둘째, 진술조력인의 역할과 의무에 대한 정확한 인지를 갖도록 하는 것이다. 진술조력인의 주요 역할인 증인 평가 및 보고서 작성, 증인 조사 돕기 및 법정 단계에서의 역할 등에 대한 온전한 지식을 숙지해야 한다. 셋째, 진술조력인으로서 활동하며 마주치는 실무적인 딜레마에 대하여 어떻게 접근할 것인지에 대한 이해를 갖도록 하는 것이다. 진술조력인은 사건 조사에 방해가 되지 않도록 객관적이고 독립적이어야 하면서도 피해자와 라포(rapport)를 형성하고 피해자와 상대방 간의 의사소통을 도와야 한다. 이러한 과정에서 여러 가지 딜레마가 발생할 수 있다. 이때 진술조력인들이 가져야 하는 태도 및 접근법에 대하여 교육한다. 마지막으로, 네 번째 목적은 진술조력인으로 활동하기 위한 자신감 및 효능감을 키워주는 것이다.

교육 과정은 다음과 같이 구성된다. 교육은 5일간 이루어지며, 진술조력인 자격이 부여된 이후에 2일에 거쳐 열리는 진술조력인 연차 학술대회(Registered Intermediary Annual Conference)에 참가해야 한다. 또한 지속적인 발전을 위한 진술조력인 연수일(Registered Intermediary Continuing Professional Development Day)에도 참가해야 한다. 여기에서 진술조력인들은 사례발표, 사례연구, 워크샵 등을 통하여 특수한 쟁점에 대해 논의하며 진술조력과 관련된 포괄적인 쟁점들을 다룬다. 교육 과정에 드는 비용은 법무부 예산에서 지원된다. 따라서 교육 대상자들은 교육을 받기 위해 비용을 지불할 필요 없다. 단, 교육 대상자들은 업무 시간이 아닌 개인적인 시간을 들여 교육에 참석해야 한다(법무부, 2013b).

5일간 이루어지는 교육의 내용은 다음과 같다. 첫 3일 동안은 이론적 교육이 실시된다. 교육 대상자들은 형사사법절차와 관련된 지식과, 증인 조사, 보고서 작성, 및 법정 증언을 도울 때 필요한 기술을 학습한다. 교육 4일차에는 경찰 조사실 및 법원을 직접 방문하는 현장 학습이 이루어진다. 마지막 5일차에는 교육 내용에 대한 최종 평가가 이루어진다. 최근에 추가된 교육 과정에는 역할 놀이를 통한 사례 연구, 면담기법 등도 포함된다(법무부, 2013b).

03

남아프리카 공화국

1. 남아프리카 공화국의 진술조력인 제도

남아프리카 공화국에서는 오래전부터 진술조력인 제도 도입의 필요성이 논의되었다. 1940년대에서 1950년대 사이, 사법 절차에서 관련직 종사자들은 외상 (trauma)을 입은 아동 피해자, 즉 아동 증인들을 빈번하게 접하게 되었다. 이에 대하여 일부 연구자들이 아동 피해자가 법정에서 증언하거나 공격적인 반대 신문에 노출됨으로 인해 아동이 범죄피해로 인한 외상 후에, 다시 2차적인 외상을 경험하게 된다고 주장하였다.

이러한 목소리가 높아지면서 일찍부터 남아프리카 공화국에 진술조력인 제도가 도입되었다. 남아프리카 공화국의 진술조력인 제도는 아동을 신문할 때 반드시 진술조력인을 거치도록 하고 있다. 아동 피해자/증인의 형사사법 시스템에서의 트라우마 경험과 이차적 피해 가능성을 줄여주기 위한 목적으로 진술조력인의 도움이 제공되는 것이다(Coughlan & Jarman, 2002). 반대 신문 과정에서 아동 증인이 경험하는 스트레스는 아동에게 외상을 입힐 수 있을 뿐만 아니라 아동이 제공하는 증언의 정확성 또한 떨어뜨릴 가능성이 높다(Muller, 2002, Jonker & Swanzen, 2007에서 재인용).

남아프리카 공화국에서 진술조력인 제도가 도입된 구체적인 목적은 다음과 같다. 첫째, 공격적인 반대 신문에 아동 증인을 직접적으로 노출시키지 않아 아동이 형사사법절차를 거치며 경험하게 되는 스트레스를 감소시키는 것이다. 둘째, 아동을 보호함과 동시에 피고 측의 반대 신문에 대한 권리를 보장하는 것이다. 아동 피해자/증인을 보호하기 위한 조치는 피의자의 권리를 침해하기 쉽다. 그러나 진술 조력인의 도움을 통한 아동 증인의 보호를 통해 반대 신문을 원천적으로 차단하는 것이 아니라 반대 신문을 가능하도록 할 수 있다. 이로써 아동 증인을 보호함과 동시에 피고 측에게는 반대 신문을 할 수 있는 권리 또한 동시에 보호할 수 있다 (Coughlan & Jarman, 2002). 셋째, 아동을 보호하면서도 재판을 원활하게 진행할 수 있도록 아동 증인에게 주어지는 검사나 피고 측 변호인의 질문들을 아동이 이해할 수 있는 방식 및 언어로 진술조력인이 전달하는 것이다. 마지막 네 번째 목표는 아동에 대한 유도 신문을 차단하는 것이다. 아동들은 성인 혹은 권위 있는 사람에게 동조하려는 성향이 성인보다 강하므로(Sigelman, Budd, Spanhel, & Schoenrock, 1981), 반대 신문 시 피고 측 변호인의 유도 신문에 넘어가기 쉽다. 따라서 정확한 조사 및 재판을 위하여 이러한 영향을 차단하는 것이 진술조력인 제도 도입의 중요한 목표 중 하나이다.

가. 진술조력인의 도움을 받을 수 있는 대상

남아프리카 공화국에서 진술조력인의 도움을 받을 수 있는 대상은 생물학적 연령 혹은 정신적 연령이 18세 미만인 증인이다. 이러한 증인들이 재판 절차에서 과도한 스트레스에 노출되거나 과도한 고통을 받을 것으로 예상되는 경우 진술조력인 제도가 적용된다. 생물학적 나이가 18세 이상이더라도 정신적 나이가 18세 미만이면 진술조력인의 도움을 받을 수 있다. 지적 장애를 가진 증인들이 이 경우에 해당된다. 증인이 지적 장애를 가지고 있는 것으로 판단되면, 18세 미만의 아동 증인에게 적용되는 모든 절차가 동일하게 적용된다.

아동 또는 지적 장애를 가진 증인에게 진술조력인의 도움을 제공하는 이유는 이러한 증인들을 취약하다고 보고, 취약한 증인들이 개방된 공간인 법정에서 증언하게 될 경우 과도한 정신적 스트레스와 고통을 경험할 것에 대한 우려가 있기 때문이다. 재판에서 진술조력인을 적용하는 목적이 증인의 과도한 정신적 스트레스와 고통을 경감시키는 것이므로, 생물학적 나이가 18세 이상이며 지적 장애가 없더라도 특정한 환경에 놓여 있는 성인 증인에게도 진술조력인의 도움이 제공되기도 한다. 예를 들면 증인이 심한 트라우마로 인한 PTSD(Post Traumatic Stress Disorder), 즉 외상 후 스트레스 장애 증상을 보일 때와 같은 경우이다.

증인에게 진술조력인의 도움을 제공하기 위해서는 증인이 개방된 법정에서 진술할 때 일반적으로 경험하는 정도의 스트레스보다 과도한 스트레스를 경험할 것임이 법정에서 증명되어야 한다(The Department of Justice and Constitutional Development, 2015). 범죄피해를 경험한 아동은 시간이 지나도 여전히 이 피해로 인한 스트레스를 겪고 있을 가능성이 높다. 이러한 경우, 아동의 스트레스가 일상생활 속에서 여러 가지 증상으로 나타날 수 있다. 예를 들어 악몽을 자주 꾼다거나, 없던 야뇨증(bed wetting)이 생기는 경우, 갑작스러운 행동의 변화가 나타나는 등의 증상이 있을 수 있다. 뿐만 아니라 이전보다 공포감이나 우울감을 자주 경험하거나 학교에서의 학습 능력이 저하되는 등의 증상을 보일 수도 있다. 재판에서의 증언을 앞둔 범죄피해 아동이 이러한 스트레스 증상을 보이는 경우, 부모 또는 보호자가 검사에게 아동의 이상 행동을 즉시 알리는 것이 중요하다. 이와 같은 만성적인 스트레스를 경험하고 있는 아동은 법정에서도 과도한 스트레스와 고통을 경험하게 될 가능성이 높기 때문이다. 이와 같이 일상적인 생활에서 스트레스 증상을 나타내는 아동 증인 또는 취약한 증인에게는 진술조력인의 도움이 제공될 수 있도록 해야 한다.

나. 진술조력인 신청 절차

남아프리카 공화국에서는 증인이 법정 증언을 하기 위해 진술조력인을 필요로 하는지 여부를 결정하는 것이 검사 혹은 변호사의 역할이다. 그러나 검사나 변호사가 진술조력인이 필요하다고 생각하지 않아, 진술조력인 신청을 하지 않았다 해도 아동 증인이 법정 증언에 대해 과도한 스트레스를 경험한다면 법원에서 진술조력인을 지정하는 것 또한 가능하다. 아동 증인의 부모나 보호자가 진술조력인 신청을 직접 할 수는 없으나, 검사나 변호사를 통해 아동이 진술조력인 도움을 받을 수 있는지 여부를 확인하고, 필요성을 호소할 수 있다. 이때 부모 또는 보호자가 아동이 일상에서 스트레스 증상들을 보였는지를 밝혀야 한다.

진술조력인 신청 절차는 다음과 같다. 일차적으로 아동 증인이 법정 증언 시 진술조력인을 필요로 한다고 피고 측 변호인이나 검사가 판단하게 되면 법원에 진술조력인 임명을 요청할 수 있다. 법원이 이 요청을 받아들여 진술조력인 임명을 허가하면 진술조력인이 선임된다. 취약한 증인에게 진술조력인이 임명되면 해당 증인에 대해서는 법원의 직접 신문을 제외한 모든 종류의 신문은 진술조력인을 통해서만 이루어져야 한다.

다. 개인적 증언실(Private Testifying Room)

아동 증인은 재판이 이루어지는 법정과 분리되어 있는 개인적 증언실(Private Testifying Room)에서 증언을 하도록 되어 있다. 개인적 증언실과 법정은 재판이 이루어지는 동안 화면을 통해 실시간으로 연결되므로 화상 증언실이라고 불리기도 한다. 아동 증인은 법정에서 대중 앞에서 증언을 하지 않고 개인적인 공간에서 증언을 할 수 있도록 하며, 이곳에서 진술조력인의 도움을 받을 수 있다.

개인적 증언실 또는 화상 증언실은 일반적으로 재판이 이루어지는 주 법정과 가까운 장소에 위치하고 있다. 화상 증언실에는 재판이 진행되는 동안 아동 증인과 진술조력인이 앉을 수 있는 편안한 의자가 비치되어 있다. 증언실 내에 공간이 허용되는 경우에는 아동이 피곤할 때 잠을 청할 수 있을만한 소파가 구비되기도 한다. 또한 실시간으로 주 법정과 개인적 증언실의 증인 간 의사소통을 용이하게 하기 위하여 개인적 증언실에는 비디오카메라가 비치되어 있다. 이 비디오카메라를 통해 법정에서 아동 증인과 진술조력인의 모습을 볼 수 있다. 또는 개인적 증언실이 법정과 벽을 통해 맞닿아 있는 경우에는 법정 쪽에서는 증언실을 볼 수 있으나 증언실에서는 법정 방향을 볼 수 없는 일방향 거울이 설치되기도 한다.

개인적 증언실에 있는 아동은 오직 진술조력인을 통해서만 자신에게 던져지는 질문을 들을 수 있다. 즉, 진술조력인이 이어폰을 사용하여 재판 진행 상황을 파악하며, 아동에게 질문이 주어질 때, 진술조력인이 이어폰을 통해 이를 듣고 아동에게 질문을 이해하기 쉽게 전달한다. 따라서 증언실에 있는 아동 증인은 피고인을 포함하여 법정에 있는 어떤 사람도 보거나 들을 수 없도록 철저히 보호된다. 모니터는 법정에만, 카메라는 개인적 증언실에만 설치되어 있으므로, 반대로 법정에 있는 사람들은 개인적 증언실에 설치된 카메라, 또는 개인적 증언실과 법정 사이에 설치된 일방향 거울을 통해 개인적 증언실에 있는 아동과 진술조력인을 볼 수 있으며, 말하는 소리를 들을 수 있다. 특히, 판사는 모니터를 통해 개인적 증언실에 있는 아동 증인과 진술조력인의 모습을 명확하게 관찰할 수 있다. 이를 통하여 아동 증인이 대기 또는 증언으로 인해 피로감을 느끼는지 여부, 또는 낮잠을 필요로 하는지 여부 등을 판사가 직접 판단하여 적절한 조치를 취할 할 수 있도록 한다.

개인적 증언실에 설치된 카메라는 녹화를 위한 것이 아니라 실시간으로 증언실 내부의 모습을 법정에 비추기 위한 것이다. 즉, 비디오는 실시간으로 법정 모니터에 비춰지며, 판사와 검사, 피고와 피고 측 변호인은 아동 증인과 진술조력인을 실시간으로 보고 들을 수 있다. 그러나 아동의 법정 증언을 비디오로 녹취되지는 않는다.

라. 진술조력인의 역할

남아프리카 공화국의 진술조력인의 역할은 재판 중에 집중되어 있다. 따라서 재판이 시작되기 전에는 진술조력인이 특별한 역할을 하지 않는다. 진술조력인의 재판 중 임무는 크게 세 가지 측면으로 나누어 볼 수 있다(<표 4-1> 참고). 첫째, 재판이 진행되는 동안 증인에게 질문을 전달하는 역할이다. 판사, 검사 또는 피고 측 변호인이 아동 증인 또는 지적 장애가 있는 증인에게 증거와 관련된 질문들을 하면 진술조력인이 이 질문을 증인이 이해할 수 있는 방식 또는 증인의 상황 및 상태 등을 고려한 섬세한 방식으로 전달한다(The Department of Justice and Constitutional Development, 2015). 이 임무를 이행하는 동안 진술조력인은 두 가지 구체적인 기능을 하게 된다. 한 가지는 증인을 공격적인 반대 신문으로부터 보호하는 기능이며, 또 다른 한 가지는 주어진 질문을 증인이 이해할 수 있도록 돕는 기능이다.

재판이 진행되는 과정 동안 증인은 오직 진술조력인하고만 이야기를 나눈다. 증인에 대한 판사의 질문을 제외한 모든 종류의 신문은 반드시 진술조력인을 통하여 이루어져야 한다(Jonker & Swanze, 2007). 판사가 아동에게 직접 질문을 하기 위해서는 진술조력인에게 자신의 질문을 아동에게 그대로, 즉 판사가 사용한 단어나 표현 그대로를 전달해 달라고 부탁할 수도 있고, 또는 판사가 직접 아동에게 이야기할 수도 있다(Jonker & Swanze, 2007). 진술조력인이 개인적 증언실에 취약한 증인과 동석할 때에는 이어폰을 착용한다. 진술조력인은 이 이어폰을 통하여 법정에서 증인에게 질문하는 내용을 듣고, 증인의 의사소통 능력에 적합한 말로 증인에게 동일한 질문을 전달한다.

〈표 4-1〉 남아프리카 공화국 진술조력인이 재판 중 담당해야 하는 임무

---

1. 재판이 진행되는 동안 증인에게 질문 전달
   - 증인을 공격적 반대 신문으로부터 보호
   - 주어진 질문을 증인이 이해할 수 있도록 도움
2. 법정에서 검사 또는 피고 측 변호인에게 이의 제기 및 질문 변경 요청
3. 재판 과정에서 취약한 증인의 가족을 도움

진술조력인의 재판 중 두 번째 임무는 법정에서 이의 제기 및 질문 변경을 요청하는 것이다. 남아프리카 공화국에서는 증인에게 주어진 원 질문의 의미를 바꾸지 않는 선에서 진술조력인이 증인의 발달 단계에 맞춘 적합한 언어로 번역하거나 질문을 단순화하는 것이 허락되며, 판사가 변호인에게 질문을 바꿔서 할 것을 요구할 수도 있다(Jonker & Swanzen, 2007; Spencer & Lamb, 2012). 진술조력인이 이어폰을 통해 들은 검사 또는 피고 측 변호인의 질문에 문제가 있다고 생각될 때에는 이의를 제기할 수 있으며, 취약한 증인에게 적합한 방식으로 질문을 변경할 수 있다. 법정에서는 모니터 또는 일방향 거울을 통해 증인에게 던져진 일차적 질문과, 진술조력인의 재질문을 모두 들을 수 있도록 하여 변경된 질문의 객관성을 확보한다.

아동 증인에게는 법정에서 재판이 이루어지는 동안 자신에게 주어진 질문에 대하여 자신의 나이에 적합한 비언어적 방식(예, 시연, 몸짓 등)으로 응답하는 것이 허락된다(Jonker & Swanze, 2007). 만약 아동 증인이 몸짓과 같은 비언어적 방식으로 질문에 응답한 경우 이를 이해한 뒤, 법정에 아동의 증언을 언어적으로 바꾸어 올바르게 전달하는 것이 진술조력인의 역할이자 책임이다(Jonker & Swanze, 2007). 진술조력인이 이와 같은 활동을 할 때 주의해야 할 점은 아동 증인에게 주어지는 질문을 해석하거나, 또는 아동의 응답을 분석 및 변화시키지 말아야 한다는 것이다(Jonker & Swanze, 2007).

진술조력인의 재판 중 세 번째 임무는 취약한 증인의 가족을 재판 과정 동안 돕는 역할이다. 진술조력인은 재판 과정 전체에 거쳐 증인과 증인의 가족에게 심리적인 지원과 도움을 제공한다. 또한 피해자의 치유에도 도움을 준다.

종합하여 볼 때, 남아프리카 공화국의 진술조력인은 아동 발달에 대한 지식과

이해를 갖춘 아동분야 전문가의 역할이자, 취약한 증인과 법정의 대화를 이어주는 통역사이자, 심리적인 어려움에 대한 도움을 제공하는 심리상담사의 역할을 동시에 수행한다고 볼 수 있다.

마. 남아프리카 진술조력인 시스템 활용 실태

아동범죄 피해자가 있는 케이스의 경우 재판 시 아동 증인에게 진술조력인의 도움을 제공하는 일이 얼마나 잘 이루어지고 있을까? 이에 대한 자료를 분석한 연구 결과는 남아프리카 전체에서 이 제도가 활발히 도입되고 있는 것은 아니라고 보고한다. 케이프타운(Cape Town), 요하네스버그(Johannesburg) 등의 중심 도시 지역에서 이루어지는 재판에서는 아동 피해자들이 진술조력인의 도움을 통해 보호를 받는 경우가 많으나, 주변 지역이나 지방에서는 그렇지 않은 경우가 많다 (Coughlan & Jarman, 2002).

현직에서 활동 중인 남아프리카 진술조력인들이 흔히 경험하는 진술조력인으로서의 활동상 어려움에는 다음과 같은 사항들이 있다(Coughlan & Jarman, 2002; Jonker & Swanzen, 2007). 진술조력인들은 불확실성이 힘들다고 보고했다. 구체적으로 특정 재판에 진술조력인이 투입될 것인지 여부가 불확실하다는 점, 그리고 특정 재판에서 아동 증인에게 도움을 제공하는 것이 결정된 상황에서도 재판이 오래 지연되다가 갑자기 불쑥 시작되는 등, 일정의 변동이 심하다는 점 등이 진술조력인들을 힘들게 하는 불확실성의 예이다(Coughlan & Jarman, 2002).

또한 중립적 태도를 유지하는 것도 힘든 점 중 한 가지로 보고되었다. 예를 들어, 피의자의 권리를 보장하면서도 아동에게 추가적인 학대가 이루어지지 않도록 객관적이고 편파적이지 않는 태도를 취하는 것이 그 중 하나이다. 또 다른 예로, 사회복지사이자 진술조력인인 경우 아동 피해자/증인을 사회복지사로서가 아닌 객관적인 진술조력인으로서 대해야 하는 것이 실질적으로 진술조력인들에게 힘들게 여겨지는 직무 특성으로 보고되었다. 또한 아동 피해자의 고통 또는 스트레스를 대하는 것에서 오는 심리적인 어려움도 있다. 즉, 아동 증인에게 학대 사실에 대한 구체적인 내용을 보고하도록 요구해야 한다는 점이나, 재판의 전반적 분위기가 성적 문제에 대하여 아동에게 세심하지 않은 질문을 던지는 점에서 진술조력인들이 심리적인 어려움을 겪는다(Coughlan & Jarman, 2002). 그리고 아동의 정확한 증언을 통해 피의자를 성공적으로 기소하는 것이 재판 과정에서 아동이 경험하는 고통 이상의 값어치가 있는지에 대한 고민도 이와 같은 맥락으로 볼 수 있다.

2. 남아프리카 공화국의 진술조력인 선발 및 양성 교육

가. 진술조력인의 자격 조건

앞서 살핀 바와 같이, 남아프리카 공화국의 진술조력인은 단순히 취약한 증인과의 의사소통만을 돕는 역할에 그치는 것이 아니라 통역자이자 아동심리 전문가이자 심리상담사의 역할을 모두 담당해야 한다. 따라서 남아프리카 공화국 법무부에서는 진술조력인의 선발을 위해 이러한 모든 역할을 종합적으로 수행하기에 적합한 능력 또는 경력을 소지한 사람을 필요로 한다. 다음은 2013년 4월에 남아프리카 공화국 법무부에서 제시했던 진술조력인 계약직 모집 공고에 포함되었던 내용이다(법무부, 2013a). 먼저, 학력 조건으로는 고등학교 졸업 또는 이와 동등한 경력을 소지를 요구한다. 또한 진술조력인은 법정에서 통역자의 역할을 담당해야 하므로 언어적 능력도 자격 조건으로 요구된다. 남아프리카 공화국에서 사용되는 공용어는 총 11개 언어인데 이 중, 영어, 아프리카어, 또한 남아프리카 공화국 인구의 약 18%에 해당하는 약 790만 명이 사용하는 공용어인 코사어(isiXhosa)를 사용할 수 있는 사람을 요구한다. 직업적인 배경으로는 심리학자, 교육자 또는 아동 청소년과 관련하여 2년 이상의 교육 과정을 수료한 사람, 또는 최소 2년 이상의 사회복지사 경력을 가진 사람 또는 2년 이상의 경력과 함께 사회복지 석사학위를 가진 사람(Jonker & Swanzen, 2007) 등의 요건이 있다. 이러한 자격 조건은 남아프리카 공화국의 진술조력인이 아동 발달 전문가이자, 통역자이자 상담가의 역할을 해야 한다는 점에 비추어 볼 때 필수적으로 필요한 조건들이라 볼 수 있다.

이러한 요건 외에도 진술조력인으로서 활동하기에 적합하기 위한 필요 요건들에는 다음과 같은 사항들이 포함될 수 있다(Jonker & Swanzen, 2007).

- 아동과 공감대를 형성할 수 있는 능력과 빠른 시간 내에 라포를 형성하는 능력이 검증된 사람
- 아동의 언어를 능숙하게 구사하며 전달해야 하는 메시지를 명확하게 반영할 수 있는 언어적 기술을 갖춘 사람

- 한쪽으로 치우치지 않은 공정함과 객관성을 유지함과 동시에 아동 증인에게 따뜻함, 공감, 아동을 향한 지지 등을 전달할 수 있는 능력을 갖춘 사람
- 아동의 발달 단계에 따른 지적 능력 및 언어적 능력에 대한 지식, 법적 측면에 대한 지식 등 과업 수행에 필요한 지식을 갖춘 사람

그런데 일반적으로 진술조력인으로서 필요한 역량을 갖추기 위해 필요한 중요한 능력 또는 자격으로 생각되지만 남아프리카 공화국에서 진술조력인의 자격 요건으로 요구하지 않는 내용이 있다. 바로 진술조력인 훈련 또는 교육의 측면이다. 남아프리카 공화국의 형사소송법상에서 진술조력인의 교육 의무에 대하여 언급되어 있지 않다. 이는 진술조력인으로서 활동하기 위해 특정한 교육을 이수하거나 훈련을 받거나, 활동 중에 심화교육을 수료하여야 한다는 의무가 없음을 의미한다(법무부, 2013a). 이러한 점에 있어서는 남아프리카 공화국 내에서도 비판이 제기되고 있다.

실제로 아동 피해자가 있는 재판에 진술조력인이 적용되었던 케이스 중 상당수에서 진술조력인들이 자신의 임무를 잘 수행할 수 있도록 충분히 교육받거나 훈련받지 못했음이 드러난 바 있다(Coughlan & Jarman, 2002). 또한 남아프리카의 많은 진술조력인들이 주어진 재판 과정에서의 역할을 감당할 때 또는 아동의 외상을 마주할 때 경험할 수 있는 불안감이나 정서적, 감정적 부담 등에 대하여 사전에 알지 못하였다(Coughlan & Jarman, 2002).

나. 진술조력인 교육 대상 및 선발

남아프리카에서는 진술조력인 선발을 법무부에서 담당한다. 진술조력인으로 선발되기 위하여 요구되는 조건은 다음과 같다. 첫째, 관련 법령에서 기술하고 있는 진술조력인으로서 임명에 용이한 사람, 둘째, 신뢰할 수 있고 열심히 일할 수 있는 사람이다. 사회 과학 분야의 자격이나 아동 관련 자격증을 보유한 사람에게는 선발 과정에서 가산점이 부여된다. 일반적으로 사회복지사들이 진술조력인으로 많이 활동하고 있다(Coughlan & Jarman, 2002; Jonker & Swanzen, 2007). 또한 성격적 특성으로는 스트레스가 심한 환경에 잘 적응할 수 있는 능력, 증인의 권리와 존엄성을 존중하는 태도, 증인과 증인의 가족에 대해 존중하고 공감할 수 있는 능력 등을 요구한다. 단, 앞에서 언급한 바와 같이 진술조력인으로서 활동하기 위해

의무적으로 특정 교육을 받아야 할 필요는 없다(김정혜, 2012: 법무부, 2013a에서 재인용).

교육받을 의무가 없다는 점에 대해서는 지속적으로 문제가 제기되어 오고 있다. 2003년에는 재판에서 몇몇 진술조력인들이 아동 또는 지적 장애가 있는 취약한 증인을 효과적으로 조력하기 위한 기술과 능력이 부족한 것으로 평가되었다(법무부, 2013a). 또한 2009년에는 검찰 측에서도 일부 진술조력인들이 아동 증인을 심리적으로 편안하게 하는데 어려움을 겪을 만큼 전문성이 부족하다고 판단하였다. 뿐만 아니라, 기본적으로 갖추어야 할 형사 사법적 절차에 대한 지식이 부족하여 재판 과정에도 익숙하지 않다고 판단했다(법무부, 2013a).

이와 같은 문제점들이 지속적으로 제기되어 오면서 진술조력인 전문가 교육과 훈련의 필요성 및 중요성이 부각되어 오고 있다. 적절한 교육이 이루어지지 않는 상황에서는 진술조력인들의 효율성 및 숙련도가 부족하다는 현실을 직시하게 된 것이다. 따라서 진술조력인 훈련 또는 교육이 여전히 의무는 아니나 현재 법무부가 "아동 증인 연구 및 훈련 기관(Institute of Child Witness Research and Training)"과 "아동학대 및 방치 예방을 위한 자원(Resource Aimed at the Prevention of Child Abuse and Neglect: RAPCAN)"을 포함한 여러 관련 단체에 진술조력인 교육을 위탁하여 실시하고 있다(법무부, 2013a).

진술조력인 교육의 주요 목적은 진술조력인들의 질적 수준을 일관되게 통제하고, 진술조력인으로서 갖추어야 할 기술을 증진시키는 것이다. 이러한 주요 목적을 달성하기 위한 하위 목표는 다음과 같다. 첫째, 아동의 발달 단계에 대한 온전한 이해를 가지고, 특정 아동이 어떤 발달 단계에 있는지를 평가할 수 있는 능력을 갖추는 것이다. 둘째, 아동의 발달 단계에 따른 언어를 이해하여 특정 연령대의 아동과 의사소통을 할 수 있는 능력을 갖추는 것이다. 셋째, 아동이 학대 사건으로 인해 경험하는 심리적인 스트레스나 법정 증언으로 인한 스트레스 및 고통을 이해하는 것이다. 마지막으로, 형사소송법과 아동법령에서 제공하는 관련 법률에 대한 지식과 이해를 갖추는 것이다.

다. 교육 방식

먼저, '아동 증인 연구 및 훈련 기관'에서 실시되는 교육에 대하여 살펴보겠다. 이곳에서의 교육은 5일간의 교육 과정으로 이루어져 있다. 교육 대상자들은 5일간, 매일 오전 8시 30분부터 오후 4시 30분까지 이루어지는 교육에 참석해야 한다. 교육 방식은 강의, 영상물 시청, 그룹 토의, 역할극(role-play), 개인적인 연습 등의 다양한 방식이 종합적으로 사용된다(Institute for Child Witness Research and Training, 2005). 모든 교육 과정을 마치면 수료증이 제공된다. 교육의 주요 대상은 진술조력인 외에도 사회복지사, 아동변호사, 심리학자, 경찰관, 통역사, 아동들을 주로 상대하는 비정부기구(NGO) 근무자 등이 포함된다.

교육 내용은 크게 증언, 아동 발달, 형사 사법제도의 세 가지 주제로 나누어진다. 증언과 관련된 교육 내용에는 법정 증언으로 인해 아동이 받게 되는 스트레스 및 이로 인한 심리적인 영향이 포함된다. 아동 발달과 관련된 교육 내용으로는 아동의 발달 단계, 아동의 언어 습득 및 아동학대가 아동에게 미치는 영향 등이 있다. 또한 형사사법제도와 관련된 교육으로 형사 소송법과 탄핵제도 측면에서 특수하게 강조되는 법 등을 소개한다(법무부, 2013a).

'아동 증인 연구 및 훈련 기관'이 제공하는 일반 교육 과정은 "Introducing the Child Witness(아동 증인 소개)"라는 제목으로 개설된다(Institute for Child Witness Research and Training, 2005). 이 교육 과정에 포함되는 강의 과목과 각 과목에서 교육하는 내용은 다음과 같다(<표 4-2> 참고).

"아동 발달" 과목에서는 기초 수준의 인지 발달 이론과, 이러한 이론이 법의학 환경, 즉 범죄 수사 환경에서 어떻게 적용될 수 있는지에 대하여 다룬다. "사회-정서 발달" 과목에서는 특히 청소년기의 사회-정서적 발달 단계에 초점을 두고 관련 이론들에 대하여 간단히 알아본다. "증언의 영향" 과목은 아동이 법정 증인으로서 증언할 때 아동에게 미칠 수 있는 영향에 대한 연구들을 다룬다. "외상(트라우마)" 과목은 아동 성폭력 피해자가 외상으로 인해 받을 수 있는 전반적인 영향(장기적 영향과 단기적 영향 모두 포함)에 대하여 학습하는 강좌이다. "폭로(disclosure)" 과목에서는 성폭력 피해 사실을 드러내기까지의 시간이 지연되도록 하는 데 영향을 미치는 요인들과 갈등 요인들에 무엇이 있는지 개관해 보는 시간을 갖는다. "아동 의사소통" 과목에서는 아동의 언어에 대하여 소개하고, 아동 언어에 대한 지식의 부재로 인해 법정에서 흔하게 발생하는 아동과 성인의 잘못된 의사소통 케이스들을 알아본다.

〈표 4-2〉 남아프리카 공화국 '아동 증인 연구 및 훈련 기관(Institute of Child Witness Research and Training)'에서 제공하는 진술조력인 교육 프로그램 및 내용 (Institute for Child Witness Research and Training, 2005)

- 아동 발달: 기초 수준의 인지 발달 이론 및 이론의 법의학 환경 적용
- 사회-정서 발달: 청소년기의 사회-정서적 발달 단계 관련 이론
- 증언의 영향: 증언이 아동 증인에게 미칠 수 있는 영향에 대한 연구
- 외상: 아동 성폭력 피해자가 외상으로 인해 받을 수 있는 장, 단기적 영향
- 폭로: 성폭력 피해 사실을 드러내기까지의 시간 지연에 영향을 미치는 요인
- 아동 의사소통: 아동의 언어 및 아동 언어에 대한 지식 부재로 인한 법정에서의 잘못된 의사소통
- 인체 해부 인형: 인체 해부 인형 및 아동 피해조사 면담에서의 인체 해부 인형 사용 방법
- 아동의 증언에 대한 반대 신문: 반대 신문의 특성 및 반대 신문이 아동에게 미치는 영향
- 법적 쟁점: 적용 가능한 아동 관련법의 특성
- 법정 준비: 법정 증언 준비 프로그램의 내용 및 필요성
- 기억: 아동의 사건 관련 기억 증진 전략 및 관련 연구
- 성범죄자: 성범죄자 인식 방법 및 아동 대상 성범죄 패턴

"인체 해부 인형(Anatomically detailed dolls)" 과목에서는 인체와 성적 기관이 해부학적으로 자세하게 묘사되어 있는 '인체 해부 인형'을 소개한다. 인체 해부 인형(anatomically detailed dolls: AD Dolls)은 아동 면담 시 정확한 진술을 돕기 위해 사용되는 대표적인 면담 도구이다(Morgan, 1997). 일반적으로 성적 학대를 당한 아동들의 피해 조사 면담에서 사용되며, 신체 중에서도 성적 부위들이 자세하고 사실적으로 묘사되어, 아동들이 인형을 통해 정확하고 구체적이면서도 자의식을 느끼지 않고 진술하는 것을 돕는다. 이 과목에서는 인체 해부 인형을 아동 피해조사 면담에서 사용하는 방법에 대하여 다룬다. "아동의 증언에 대한 반대 신문" 과목에서는 반대 신문의 특성 및 반대 신문이 아동에게 미치는 영향에 관한 연구들을 살펴본다. "법적 쟁점"은 아동에 관련한 법 중, 적용 가능한 법의 특성을 다루는 과목이며, "법정 준비"는 법정 증언 준비 프로그램의 내용과 이 프로그램의 필요성을 안내하는 과목이다. "기억" 과목에서는 아동들이 사건에 대하여 기억하는 능력을 증진시키기 위한 전략 및 이에 대한 연구를 안내한다. 마지막으로 "성범죄자" 과목은 성범죄자를 인식하는 법과 아동을 대상으로 저지르는 성범죄의 패턴에 대하여 이해하는 것이 목적이다(Institute for Child Witness Research and Training, 2005).

다음으로, 남아프리카 공화국에서 진술조력인 교육을 위탁받아 실시하는 또 다른 기관인 RAPCAN(아동학대 및 방치 예방을 위한 자원)의 교육 프로그램에 대하여 알아보겠다. RAPCAN은 진술조력과 관련된 연구를 수행하며, 연구 결과를 바탕으로 한 툴키트(toolkit)를 개발하였다(법무부, 2013a). 이 툴키트는 진술조력인 훈련을 위하여 개발된 매뉴얼이다. RAPCAN에서 이루어지는 교육은 '아동 증인 연구 및 훈련 기관'의 교육보다 긴 10일간의 프로그램으로 이루어져 있다.

진술조력인 교육 매뉴얼에서 다루어지는 교육 주제는 다음과 같다(법무부, 2013a). 먼저, 남아프리카 공화국에서 아동을 대상으로 발생하는 범죄, 아동과 관련된 형사 사법체계, 그리고 RAPCAN의 활동들에 대한 소개 및 진술조력인의 역할 등에 대한 개략적 소개가 이루어진다. 다음으로 아동학대와 관련된 구체적인 내용들(학대받은 아동에게서 나타나는 증상과 아동학대의 징후부터 아동학대를 관리하는 방법 등까지)이 담겨 있다. 다음부터 아동 발달과 관련된 지식이 방대하게 다루어진다. 아동기의 발달 단계 및 발달 유형, 아동기 외상의 영향 및 이에 대한 관리 방법, 아동을 대상으로 하는 상담의 태도와 기술, 아동의 행동과 정서를 이해하는 방법 및 아동의 행동에 영향을 미치는 요인 등이 담겨 있다. 다음으로 남아프리카 공화국의 법과 관련된 내용 중, 진술조력인이 반드시 알아야 할 내용들이 다루어진다. 예를 들어 형사사법체계에 대한 기본적인 안내에서부터 법정을 준비하는 과정 등의 내용이 담겨 있다. 마지막으로 진술조력인 개인의 의식, 동기, 목적 등을 다룬다(법무부, 2013a).

04

이스라엘

1. 이스라엘의 진술조력인 제도

가. 이스라엘의 진술조력인 제도 도입의 배경과 역사

이스라엘은 고소 시스템을 가진 나라 중, 가장 오래된 진술조력인 제도를 두고 있는 나라이다. 이스라엘의 진술조력인 제도는 1956년에 개혁과 함께 도입되었다. 이 때 도입된 진술조력인 제도는 상당히 극단적인 형태의 제도에 속한다. 고소 방식의 재판 제도에서 녹음 또는 녹화의 방식을 통해 사전 기록된 자료를 처음으로 증거로 사용한 국가가 바로 이스라엘이기 때문이다.

이스라엘의 진술조력인은 "아동 조사관(Child Investigator)"으로 불린다. 아동 조사관이라는 이름에서 볼 수 있듯이 이스라엘의 진술조력인 제도는 '아동 증인 또는 피해자'를 조력하는 데에 집중되어 있다. 뿐만 아니라, 이스라엘에서 진술조력인 역할은 '조사의 주체'가 맡게 된다. 다른 여러 나라에서 일반적으로 진술조력인은 직접적인 수사 및 조사를 진행하는 것이 아니라 증인 면담에 도움을 주거나 재판에서의 증언을 돕는 역할을 하는 반면, 이스라엘에서는 진술조력인이 직접 아동의 범죄피해 사실에 대한 조사를 하는, 보다 적극적인 권리 및 역할을 가지고 있음을 알 수 있다.

1956년에 전문적 아동 조사관이 글로 기록한 아동의 진술 전체를 재판에서 증거로 제시하는 것에서부터 이스라엘의 진술조력인 제도가 도입되었다. 이 제도는 시간이 지나며 과학 기술이 발전해 감에 따라 조금씩 수정되었다. 즉, 1988년부터는 면담 내용을 글로 기록하는 것이 아니라 음성 녹음으로 기록할 것이 요구되었다. 또한 그로부터 11년 뒤인 1999년부터는 면담 내용 전체를 비디오 녹화로 기록할 것이 요구되었다. 이러한 변화는 면담의 과정을 최대한 투명하고 정확하게 기록하기 위한 시도에서 비롯되었다고 볼 수 있다.

이스라엘 진술조력인 제도가 도입된 배경은 아동 증인의 안녕에 대한 염려와 관련이 있다. 즉, 아동 증인이 법정에서 직접 증언하는 등, 법정에서 일어나는 재판에 관여할 경우 몇 가지 이유로 인해 정신적인 피해를 입을 수 있다는 염려가 제기되었다(Spencer & Lamb, 2012). 첫 번째 이유는 재판에서의 공격적인 반대 신문 문화이다. 고소 방식으로 이루어지는 재판에서는 증인의 증언에 대하여 상대편에서 반대 신문을 하게 되어있다. 이때 반대 신문은 자신에게 불리한 증언을 하는 증인의 말을 반박하기 위해 상당히 공격적인 방식으로 이루어진다. 이러한 공격적인 반대 신문에 아동 피해자가 노출되면 이미 범죄피해를 입어 심리적으로 어려움을 겪고 있는 아동이 이차적인 정신적, 심리적인 피해를 입게 될 수 있다.

둘째, 아동이 자신의 부모에 반대하여 증언해야 하는 경우가 발생할 수 있기 때문이다(Spencer & Lamb, 2012). 아동학대 사건의 경우 가해자가 부모 중 한 명 혹은 두 명 모두인 경우가 상당히 많다. 이러한 경우, 아동이 반대 증언을 해야 하는 상대는 자신의 부모가 될 수 있다. 이러한 상황에 노출되는 것은 아동에게 강한 심리적인 피해를 줄 수 있다. 뿐만 아니라 자신에게 폭력을 가해오던 부모, 또다시 한 집으로 들어가 같이 살아야 할지도 모른다고 생각되는 부모의 권위 또는 부모에 대한 공포로 인하여 아동 증인은 정확한 진술을 하지 못하게 될 수도 있다(Spencer & Lamb, 2012). 이러한 상황에서 아동 증인을 심리적으로 보호해줄 수 있는 장치가 필요하다.

이처럼 가해자를 신고함으로써 형사 사법체계를 거치는 과정에서 아동 피해자의 극심한 심리적 피해가 예상된다면 피해자 또는 피해자의 보호자는 이러한 이차적인 피해를 겪지 않기 위하여 아동학대 사실을 알았다 할지라도 경찰에 신고하거나 당국에 보고하지 못하는 가능성이 높다. 하지만 이러한 위협과 스트레스로부터 아동 피해자를 보호해 줄 수 있는 제도가 존재한다면, 즉 아동 증인이 법정에서 경험할 외상을 감소시키는 제도가 존재한다면 신고 및 보고되는 아동학대의 비율이 높아질 것이다. 따라서 이러한 목적을 달성하기 위하여 이스라엘에서 진술조력인 제도가 도입되었다(Spencer & Lamb, 2012).

이스라엘의 진술조력인 제도는 아동보호법에 근거한 것이다. 아동보호법은 서로 다른 주체의 서로 다른 관심과 기대가 균형을 이루고 있다. 첫째는 피의자 측의 기대이다. 피의자와 사회는 공통적으로 공정한 형사 사법적 절차가 존재하며, 진실이 밝혀질 것이라는 관심 및 기대를 가지고 있다. 두 번째는 피해자 측의 기대이다. 아동학대 사실을 법적 절차에 노출시킴으로 인해 아동에게 이미 경험한 범죄 피해 이외의 추가적인 정신적 손상을 받지 않도록, 또한 아동 증인을 아동에 대한 공격적 반대 신문으로부터 보호해야 한다는 사회적 및 피해자 측의 개인적 관심이 존재한다. 세 번째는 사회적인 관심이다. 사회 구성원들은 가해자를 법정에 세워 처벌받게 해야 한다는 관심을 가지고 있다. 아동보호법은 이 세 가지 서로 다른 기대를 가지고 있는 주체들의 관심이 서로 균형을 이루도록 하고 있으며, 이 법에 의해 이스라엘의 진술조력인 제도인 아동 조사관 제도가 존재한다(Spencer & Lamb, 2012).

나. 아동 조사관(Child Investigator) 제도

아동 조사관 제도는 특별한 훈련을 받은 아동 조사관이 가정 폭력 또는 성폭력의 14세 이하 아동 피해자를 대상으로 적용된다. 아동 조사관이 해당되는 아동 피해자로부터 진술을 청취하고 피해 조사를 할 수 있도록 허락하는 이스라엘의 제도이다(Levush, 2017). 아동을 대상으로 면담하고 신문해야 하는 경우에는 오직 아동 조사관만이 아동을 신문하고 아동에게 증언을 받을 수 있다.

이스라엘의 진술조력인 제도인 아동 조사관 제도는 역사와 함께 변천되어 왔다. 제도 도입 초기에는 경찰청장에 의해 경찰 중에서 아동 조사관들이 임명되었다. 그러나 경찰 출신 아동 조사관들은 수사 경력은 충분했으나 아동의 발달 단계나 심리상담 등과 관련된 사전 지식이 및 경력이 없었다. 따라서 아동으로부터 피해 조사를 하고 진술을 청취할 때 요구되는 치료적인 기술이 부족했다. 이와 같은 문제점을 해결하기 위해 이후에는 주로 아동을 상대하는 경험이 풍부한 사회복지사나 교사들이 아동 조사관으로 임명되기 시작했다. 오늘날은 대부분의 아동 조사관이 보호관찰소 직원이나 사회복지사로 구성되어 있다.

아동 조사관이 적용되는 대상은 다음과 같다. 진술조력인의 명칭이 "아동" 조사관이라는 점에서 드러나는 바와 같이, 이스라엘의 진술조력인 제도는 전적으로 아동 및 청소년을 조력하는 데에 초점이 맞추어져 있다. 아동 조사관은 법정에서 증언할 것이 요구되는 14세 이하의 아동, 주로 성폭력 피해 아동이나 가정 폭력을 포함하는 학대 피해 아동에게 적용된다(Levush, 2017). 따라서 아동 조사관이 적용된 사건들의 경우, 주로 부모 중 한 명 또는 모두, 또는 부모가 아닌 보호자에 의해 성폭력을 당한 피해 아동인 경우가 많다. 그러나 아동 조사관의 적용 대상이 성범죄 피해 아동으로 국한되는 것은 아니다. 아동학대 및 방치나 심각한 폭력 범죄의 피해 아동들도 아동 조사관 적용의 대상이 된다.

이스라엘 진술조력인 제도가 다른 여러 나라와는 달리 갖는 독특한 특성 중 하나는 아동 조사관(진술조력인)이 아동이 피해자이거나 범죄의 목격자인 사건에만 적용되는 것이 아니라 성폭력 사건의 피의자일 때에도 적용된다는 점이다. 앞서 살펴본 영국의 진술조력인 제도는 취약한 증인이 피해자인 경우에 적용된다. 더 넓게는 취약한 증인이 피해자 측이나 가해자 측의 목격자인 경우에까지도 적용되기도 한다. 그러나 취약한 증인이라 할지라도 아동이 피고, 즉 피의자인 경우에는 적용되지 않는다. 그러나 이스라엘의 진술조력인 제도는 법정 증언이 요구되는 14세 이하의 아동이기만 하다면 이 아동이 성폭력의 피의자이더라도 아동 조사관이 적용된다는 독특한 특성을 가지고 있다. 이러한 제도의 배경에는 설령 피의자라 할지라도 재판 과정을 통하여 아동이 경험할 수 있는 불필요한 심리적 고통이란 트라우마 경험을 방지해야 한다는 가치관이 깔려 있는 것으로 볼 수 있다.

다. 이스라엘 진술조력인의 역할

이스라엘 진술조력인(아동 조사관)의 역할은 크게 세 가지로 구분할 수 있다. 조사 면담의 진행, 법정에서의 진술조력, 그리고 법정에서 증인으로서의 역할이다 (<표 4-3> 참고). 각각에 대하여 알아보겠다.

1) 범죄 수사 면담(forensic interview)의 진행

첫 번째 역할은 범죄 수사 면담 시에 범죄 관련 조사를 진행하면서 동시에 아동을 돕는 것이다. 앞서 살펴봤던 나라들, 즉 영국이나 남아프리카 공화국 또는 뒤에서 살펴볼 나라인 노르웨이 등의 국가에서는 진술조력인이 조사 면담을 직접 진행하지 않는다. 즉, 진술조력인의 역할은 어디까지나 경찰의 조사를 도와 아동과 경찰의 의사소통을 돕는 데에 국한되어 있다. 반면 이스라엘은 다른 국가의 일반적인 진술조력인 제도에서보다 진술조력인, 즉 아동 조사관에게 부여되는 권한이 더 크다. 아동 조사관은 조사 단계에서 아동 증인과의 수사적 면담(forensic interview)을 직접 실시한다. 모든 면담 과정은 차후에 법정에서 증거로 제시될 수 있으며, 이 면담의 녹취 내용이 아동의 법원 출석을 대체할 수도 있다. 이처럼 아동과의 면담 내용이 재판에서 증거로 사용되기 위해서 면담 녹취 내용에는 면담 중에 일어난 모든 일과 모든 대화가 빠짐없이 녹화되어야 한다. 이러한 범죄피해 조사 면담은 이상적으로는 범죄피해 보고가 이루어진 날로부터 며칠 안에 이루어지는 것이 바람직하다.

〈표 4-3〉 이스라엘 진술조력인의 역할

---

1. 범죄 수사 면담의 진행
 - 아동을 대상으로 한 수사적 면담 진행
 - 아동 진술의 신뢰성 평가 및 보고서 작성
 - 아동 피면담자에게 심리 치료적 기법 사용을 통한 심리적 지원

2. 법정에서의 진술조력
 - 아동이 재판에서 증인으로서 진술하는 것이 적합한지 여부를 판단
 - 진술조력인이 아동의 법정 진술을 허락한 경우, 아동이 재판에서 증언을 할 때 법정에서 아동의 진술조력 및 통역자의 역할 담당
 - 아동에 대한 질문이 공격적일 경우 이를 즉각적으로 중단시킬 수 있음
 - 아동에 대한 질문이 중단된 경우 진술조력인이 아동을 대상으로 한 신문을 대신할 수 있음(양측의 동의하에)

3. 법정 증언
 - 아동이 법정에서 증언하지 않는 경우, 아동 진술의 신뢰성에 대하여 법정 증언

독특한 점은, 일반적인 범죄 수사 면담에서와는 달리 아동 조사관에게는 아동에게 유도적 질문을 하는 것이 허용된다는 점이다. 유도적 질문은 기억의 단서를 많이 제공하여 사건과 관련하여 더 많은 정보를 회상하도록 하는 데는 유용할 수 있다(Dent, 1986). 그러나 정보의 정확성이 떨어질 위험이 있다는 점 때문에 일반적인 수사 면담에서 잘 권장되지 않는, 심지어 금지되는 면담 기법이다. 그러나 아동의 경우 일반적인 성인들과는 달리 전적으로 자유 연상에만 의존하여 어떠한 단서나 구조화된 질문도 없는 상태로 사건을 회상하도록 할 경우 기억력이 떨어질 수 있다(Morgan, 1994). 즉, 조심스럽게 제시된 적절한 회상의 단서는 아동 대상 면

담에서 사건에 대한 회상을 돕는 좋은 도구가 될 수도 있다. 따라서 이스라엘에서는 아동 대상 면담의 경우에 아동 조사관은 유도적 질문을 하여 아동의 기억 회상을 돕는 것을 허가하고 있다.

또한 이스라엘의 아동 조사관은 조사 면담 시, 단순하고 객관적인 면담만을 진행하는 것이 아니라 치료를 함께 진행하기도 한다. 아동 증인이 심리적인 문제점을 가지고 있는 것으로 판단되는 경우, 아동 조사관은 아동 피면담자에게 다양한 방식의 심리치료적 기법을 함께 사용할 수 있다. 그림 그리기, 역할극 등과 같은 치료적 기술 사용을 병행하며 범죄피해 관련 조사를 진행한다. 이러한 이스라엘 진술조력인의 역할은 다른 나라의 진술조력인 제도와 가지는 차별점 중 하나이다. 예를 들어, 영국에서는 아동이 범죄피해 조사를 위한 면담을 받기에 적절한 언어적 능력 능력을 가지고 있는지 또는 심리적 문제를 가지고 있는지 등을 평가하고, 이러한 문제점이 있는 경우에 경찰의 조사에 도움을 주기 위한 차원에서만 지원을 제공한다. 그러나 이스라엘에서는 진술조력인, 즉 아동 조사관이 직접 아동의 치료에 개입하기도 한다는 점에서 더 많은 권한을 가지고 있다고 볼 수 있다 (Spencer & Lamb, 2012).

범죄에 대한 수사적 면담 진행 시 아동 조사관이 동시에 진행해야 하는 또 다른 중요한 작업은 아동 증언의 신뢰성 및 신빙성을 평가하는 것이다. 아동 조사관이 아동의 언어적인 능력이나 의사소통 능력, 사건과 관련된 기억을 회상하고 보고하는 능력, 아동의 심리적인 상태 등을 종합적으로 판단하여 아동의 증언을 얼마나 신뢰할 수 있는지를 평가한다. 이러한 평가에 대한 보고서는 이후 재판이 이루어질 때 아동이 법정에 증인으로 서는 것이 적합한지를 판단하는 근거로 사용된다.

2) 법정에서의 진술조력

둘째, 아동 조사관의 또 다른 중요한 역할은 법정에서의 진술조력이다. 아동 조사관은 법정에서 아동의 증언이 불가피한 경우에 아동 증인의 진술조력인 및 통역자의 역할을 수행할 수 있다. 그러나 이에 앞서, 아동이 법정에서 증인으로 서는 것이 가능한지, 또는 법정 증언이 불가피한지를 판단하고 결정하는 것 또한 아동 조사관의 권한이다.

아동과의 조사 면담 결과 및 면담을 통해 아동 조사관이 아동에 관하여 내린 평가를 바탕으로 하여 아동 조사관은 아동이 법정에 서는 것이 적절한지 여부를 결정하게 된다. 이 결정을 내리는데 근거로 사용될 수 있는 몇 가지 준거가 존재한다. 첫째, 법정에서의 증언이 이 아동에게 외상을 유발할 것인지 여부이다. 가해자로 추정되는 사람을 포함한 여러 사람이 모여 있는 법정이라는 공개적인 자리에서 범죄피해 사실에 대해 증언을 하는 것이 아동에게 외상을 유발하리라 판단되는 경우 아동 조사관은 아동이 법정에 서는 것이 부적절하다고 결정한다. 또 다른 준거는 아동에게 법정에서 증언할 능력이 있는지 여부이다. 첫 번째 준거에서 문제가 없다 할지라도, 즉 법정 증언이 아동에게 외상을 유발할 가능성이 낮다 할지라도 아동에게 증언의 능력이 없을 가능성이 존재한다. 즉, 법정에서 능숙한 증인이 될 수 있는지가 아동이 법정에 서는 것이 적절한지를 판단하는 또 다른 준거이다. 마지막으로 세 번째는 아동이 법정에서 증언하기를 희망하는지 여부이다. 법정 증언이 외상을 유발하지도 않고, 아동에게 능숙한 증인이 될 수 있는 역량이 있다 할지라도 아동이 스스로 이를 희망하지 않는다면 법정에 서는 것이 적절하지 않다고 판단을 내릴 수 있다.

　　이러한 근거들을 바탕으로 하여 아동이 법정 증언으로 인해 피해를 입을 수 있다고 아동 조사관이 판단을 내리면 법정 증언에 대한 허가를 거부할 수 있다. 이러한 판단에는 원고 측과 피고 측 모두 개입할 수 없다. 즉 아동이 법정에 서는 것이 적절한지에 대한 판단은 전적으로 아동 조사관의 권한이다. 법정 증언이 적절하지 않다고 판단한 경우에는 아동 조사관이 아동에 대하여 작성한 아동 신뢰도 평가 보고서, 그리고 아동 면담 비디오가 법정에 증거로 제출된다.

　　반면, 아동이 법정에 출두하여 증언하는 것이 적절하다고 아동 조사관이 판단한 경우에는 아동의 법정 증언이 허가된다. 즉, 아동 조사관의 관리를 받는 아동이 법정에 출두하여 증언하는 일도 발생할 수 있다. 불가피하다는 한다는 판단하에, 아동 조사관이 아동의 증언을 허가하는 경우에 재판에서는 피고 측 변호사만이 아동 증인에게 반대 신문을 할 수 있으며, 피고인이 직접 반대 신문을 하는 것은 금지된다(Levush, 2017). 아동 조사관은 재판이 이루어지는 법정 안에 피고인이 들어오지 못하고 오직 피고 측 변호인만 출석하도록 하거나 독립된 공간에서 CCTV링크를 통해 증언한다는 전제하에 아동의 법정 증언을 허가할 수도 있다(Levush, 2017). 특별한 경우가 아닌 한 아동이 법정 증언을 하는 경우에는, 아동의 증언 동안 아동 조사관은 반드시 아동과 함께 출석해 있어야 한다(Levush, 2017). 아동이 증언하는 동안 아동 조사관이 아동 증인의 진술조력인 또는 통역자로 활동할 수 있는 허가를 요청할 수도 있다. 아동 진술에 있어 연습이 필요하다고 판단되는 경우 법원에 연습 허가를 요청하는 것도 가능하다.

이스라엘의 아동 조사관은 아동 증인을 보호하기 위해 법정에서 아동을 상대로 이루어지는 반대 신문을 중단시킬 수 있는 권한도 갖는다. 반대 신문 도중, 공격적인 분위기와 질문들이 아동에게 정서적인 손상을 불러일으킬 수 있다고 아동 조사관이 판단하면, 그 즉시 신문을 중단시킬 것을 법정에 요청할 수 있다.

아동 조사관의 요청으로 아동 증인에 대한 신문이 중단된 경우, 법원은 아동 조사관에게 아동과의 재면담을 가질 것을 요청할 수 있다. 그러나 이 요청은 강제적인 것은 아니다. 이 요청에 따라 실제로 재면담을 할 것인지의 여부를 결정하는 것은 아동 조사관이 가진 권한이다. 재면담을 가지는 것으로 결정한다면, 어떤 질문을 할 것인지 정하는 것도 아동 조사관의 권한에 속한다. 또한, 원고와 피고의 양측이 모두 동의한 경우에 한하여 양측에서 동의한 주제의 목록을 가지고 아동 조사관이 증인 신문의 역할을 대신 하는 것도 가능하다.

3) 법정 증인

셋째, 아동 조사관의 또 다른 중요한 역할은 법정 증인으로서의 임무이다. 아동이 법정에 증인으로 서지 않는 것으로 결정되었을 때에는 아동 조사관과 아동 간의 조사 면담 녹화 기록이 증거로 제출된다. 또한 조사 면담 결과를 바탕으로 작성된 아동 진술의 신빙성에 대한 평가 및 보고서는 법원에 증거로 제출된다. 그러나 제출된 보고서가 모두 증거로 채택되는 것은 아니다. 법원에서 이 보고서를 심사할 수 있으며, 심사를 바탕으로 증거 채택 여부가 결정된다. 즉, 아동 조사관의 보고서가 증거로 채택되지 않을 가능성도 존재한다. 그러나 일반적으로 아동 조사관의 평가 보고서는 법정에서 무게 있게 다루어지는 편이다. 특히 아동학대나 성범죄 사건의 경우 피해 아동의 진술이나 이 진술에 대한 아동 조사관의 평가 보고서를 제외한 다른 증거가 존재하지 않는 경우가 많다. 이처럼 다른 증거들이 많이 존재하지 않을 경우에는 더욱 더 아동 조사관의 평가 보고서가 비중 있게 받아들여진다. 이와 함께 아동 조사관이 재판에 출석하여 증인으로서 아동 진술의 신뢰성에 대한 증언을 한다.

4) 아동 조사관 제도에 대하여 제기되는 비판

지금까지 살펴본 바와 같이, 이스라엘의 진술조력인 제도인 아동 조사관 제도는 다른 여러 나라의 진술조력인 제도와 비교할 때 아동 증인 보호에 무게가 많이 실려 있는 제도이다. 이를 위하여 아동 조사관에게 많은 권한이 부여되기도 한다. 이러한 제도적 특성으로 인해 이스라엘에서는 이러한 아동 조사관 제도가 피고의 권리를 제한한다는 비판이 제기되기도 한다(Spencer & Lamb, 2012). 아동 조사관이 아동을 직접 조사하고, 아동의 진술에 대한 신뢰성 또한 전적으로 아동 조사관이 평가하며, 아동 조사관의 판단에 따라 아동은 법정에 증인으로서 서지 않는 것도 가능하다. 또는 법정에 증인으로 선다 할지라도 아동 조사관의 판단에 따라 필요한 경우 반대 신문을 중단시킬 수도 있다. 따라서 이스라엘의 진술조력인 제도는 판사가 아동을 직접 평가할 수 있는 기회가 완전히 차단될 가능성이 존재하는 제도이다. 판사의 평가 기회가 제한될 뿐 아니라 피고 측에서도 아동이 제시한 증언, 즉 증거에 대하여 반대 신문을 할 수 있는 권리가 보호되지 못한다는 비판도 제기된다. 아동을 전적으로 보호하기 위하여 역으로 피고 측의 반대 신문의 권리를 침해한다는 것이다.

그러나 아동 조사관 제도를 옹호하는 측에서는 이러한 비판에 대하여 아동 조사관이 적용되는 재판에서도 피고 측의 반대 신문의 권리가 보호될 수 있다고 반박한다. 이스라엘 아동보호법 11조에 포함된 조항에 의하여 아동 증인의 증언을 확인할 수 있는 절차와 조건이 존재한다는 주장이다. 이러한 증언 확인 조건은 아동 조사관이 투입되는 경우에는 더욱 무게 있게 적용된다. 따라서 이 제도를 통하여 아동 조사관이 적용되어 아동의 권리가 보호되는 경우에도 여전히 피고 측의 반대 신문 권리가 침해되지 않을 수 있다고 주장한다.

그러나 아동 조사관 제도에 대한 비판을 제기하는 측에서는 피의자 측 뿐만 아니라 피해자 측에서도 오히려 아동 증인을 철저하게 보호하기 위한 아동 조사관 제도에 의해 어려움을 겪을 수 있다고 주장한다. 아동 조사관이 도입되는 케이스에서는 아동의 증언을 확인하는 절차가 더 까다롭게 적용되기 때문이다. 그러므로 피해자 측, 즉 검사가 피해 아동의 증언을 법정에서 증거로 사용하기 위한 문턱이 과도하게 높아진다는 것이다. 다시 말하면, 아동을 공격적인 반대 신문 및 공개된 법정에서의 증언으로 인한 스트레스로부터 보호하기 위한 대가로 피해 아동의 증언이 증거로 사용될 수 있는 기회를 잃게 될 수도 있다. 이러한 점은 특히 피해 아동의 증언 외의 다른 증거가 거의 없는 아동 성범죄 사건 같은 케이스에서는 더욱 문제가 될 수 있다.

이스라엘의 진술조력인 제도에는 이러한 어려움을 감수하면서까지도 아동 피해자를 철저하게 보호하여야 한다는 강한 철학이 담겨 있다. 즉, 이 제도를 이용하는 아동 증인에게는 증언의 어려움으로부터 완벽한 형태의 보호를 제공하고자 하는 것이다. 이 제도가 성공적으로 작동하기 위해서는 진술조력인의 질적 수준을 철저하게 관리하는 것이 매우 중요하다. 아동의 증언을 받고 아동에게 질문하고, 피해 아동의 진술에 대한 신뢰성을 평가하는 모든 과정을 전적으로 아동 조사관이 담당하고 있기 때문이다. 따라서 아동 조사관이 제공하는 면담 결과와 아동에 대한 보고서, 즉 법정 증거가 신뢰할 수 있는 수준으로 유지될 수 있어야 한다. 이를 위하여 지속적인 진술조력인 교육 및 훈련이 필요하다.

05

미 국

미국의 진술조력인 제도는 지역 경찰(Local Police)과 연방 경찰(Federal Bureau of Investigation: FBI)의 두 차원에서 살펴볼 수 있다. 지역 경찰과 연방 경찰은 독립적인 진술조력인 제도를 두고 있다. 각각에 대하여 구체적으로 알아보겠다.

1. 미국 지역 경찰의 진술조력인 제도

미국의 지역 경찰과 함께 또는 지방 형사사법체계에서 활동하는 진술조력인은 Child Advocacy Center(CAC, 아동 변호 센터)에 소속된 면담 전문가들이다. 면담 전문가는 훈련받은 조사 면담 전문가(Forensic Interviewer)이다. 주에 따라 약간씩의 차이가 존재하는데, 몇몇 주에서는 면담 전문가들이 검찰이나 경찰을 대신하여 아동 피해자를 직접 조사하기도 한다.

CAC(아동 변호 센터)는 우리나라의 원스톱 지원센터와 유사한 역할을 하는 민간 기관으로, 성적 또는 신체적인 학대를 받은 아동들의 의료 진단을 위해 아동들에게 안전하고 편안한 공간을 제공해 주는 비영리 기관이다(Child Advocacy Center, 2015b). CAC(아동 변호 센터)에는 경찰, 아동 보호사, 검사, 의사, 간호사 등의 인력이 팀을 이루어 아동 지원에 필요한 포괄적인 서비스를 제공한다. 특수한 경우에는 가해자를 기소하는데 필요한 피해자 조사 면담도 이곳에서 진행된다. 예를 들어, 피해 아동이 경찰이나 보건사회복지부(Department of Health and Human Services)에 신체적 또는 성적 학대의 피해자일 가능성이 있다고 보고되었을 경우, CAC(아동 변호 센터)에서 아동을 대상으로 피해 조사 면담을 실시한다. 또한 아동이 폭력적인 범죄의 목격자라는 사실이 보고될 때도 이곳에서 조사 면담이 실시된다.

범죄 수사적 면담(Forensic Interview) 또는 법의학 면담은 아동이 직접 경험했거나 목격했을 가능성이 있는 사건에 대하여 구체적인 정보를 이끌어내기 위해 이루어지는 아동과의 구조화된 대화를 의미한다(Child Advocacy Center, 2015a). 법의학 면담을 실시하는 목적은 크게 네 가지이다. 첫째, 범죄 조사에 도움이 될 만한 정보를 아동으로부터 얻기 위해서이다. 둘째, 아동의 주거 환경 안전도를 가늠 및 평가하기 위해서이다. 아동이 가정폭력의 피해자인 경우 주거지에서 아동의 안전이 보장되지 않는다. 이를 포함한 여러 요인으로 인한 아동의 주거 환경에서의 안전도가 어느 정도인지 평가한다. 세 번째 목적은 아동학대나 방치에 대한 피의자의 혐의를 입증 또는 반박할 수 있는 정보를 입수하기 위해서이다. 아동의 증언을 통해 아동이 학대받았거나 방치되었다는 증거를 수집한다. 마지막으로 네 번째 목적은 아동에 대한 의료적 치료와 심리적 보호의 필요성을 가늠 및 평가하기 위해서이다(Child Advocacy Center, 2015a).

일반적 법의학 면담으로 충분한 정보 수집이 어려운 경우에는 확장된 범죄 수사적 면담(Extended Forensic Interview)을 실시하기도 한다. 확장된 면담은 일회가 아닌 다중 세션으로 구조화된 범죄 수사 면담을 의미한다. 모든 피해 아동에 대한 조사 면담이 한 차례만으로 충분한 것은 아니다. 일회의 면담을 통해 의심되는 학대 사실에 대해 이야기를 하는 것이 충분하지 않은 아동들도 있다. 이런 경우, 아동과의 조사 면담 횟수를 2회 이상, 최대 4회까지 확장시킬 수 있다(Child Advocacy Center, 2015a). 모든 아동 피해자에게 확장된 범죄 수사적 면담이 적용될 수 있는 것은 아니다. 확장된 면담이 적용될 수 있는 대상 또는 상황에는 특별한 발달적 장애를 가진 아동의 경우, 또는 아동이 특별히 공포감을 심하게 경험하거나 긴장하는 경우가 포함된다.

피해 아동에 대한 조사 면담이 CAC(아동 변호 센터)에서 이루어지는 경우, 면담은 CAC(아동 변호 센터)에 소속된 조사 면담 전문가에 의해 실시된다(Child Advocacy Center, 2015a). 조사 면담 전문가들은 모두 아동 피해자 또는 목격자 조사 면담 기술에 대한 고급 훈련을 받은 범죄 수사관이다. 조사 면담 전문가들은 동료 평가 및 직업 훈련에 지속적으로 참여하여 아동을 상대로 하는 면담 기술을 계속적으로 향상 및 개발시킨다. 또한 CAC(아동 변호 센터)에서 이루어지는 조사 면담은 전 과정이 DVD로 녹화되어 사법기관에 제공된다.

미국의 진술조력인 제도가 가진 몇 가지 장점을 살펴보면 다음과 같다. 첫째, 다양한 지원이 제공된다는 점이다. 미국은 피해 아동에게 필요한 지원을 통합적으로 수행한다. 조사 지원이 현재 대한민국의 제도와 같이 초동 수사 단계에 머무르는 것이 아니라 초동 수사에서부터 검찰 조사 단계까지 이어진다는 강점이 있다. 미국 이외에도 피해자가 아동이나 지적 장애인과 같은 취약한 대상인 경우 초동 수사 단계부터 재판 및 판결이 마무리되는 단계까지 지원이 끊이지 않고 제공되도록 하는 국가들이 많이 존재한다(예, 영국). 미국 진술조력인 제도의 또 다른 장점은 면담 전문가가 직접 피해 아동과의 라포를 형성하고 피해 조사를 실시한다는 점이다. 이러한 측면에 있어서는 미국의 진술조력인 제도가 이스라엘의 진술조력인 제도와 공통점을 지닌다. 이처럼 면담 전문가가 아동 피해자를 대상으로 피해 조사를 실시하므로 피해 조사 시 아동의 심리적 보호나 안정감을 위해 피해 아동의 부모나 변호사가 동석할 필요가 상대적으로 줄어든다는 장점이 있다.

2. FBI의 피해자 지원 제도

가. 아동 조사 면담관

미국의 연방 경찰인 FBI(Federal Bureau of Investigation, 미연방수사국)에는 아동이 관련된 사건의 조사를 담당하는 아동 조사 면담관들(Child Forensic Interviewers)이 있다. 아동 조사 면담관은 FBI(미연방수사국) 본부에 자리 잡고 있는 피해자 지원 부서(Office for Victim Assistance: OVA)에 소속되어 있다. 피해자 지원 부서는 인신매매, 아동에 대한 성적 착취, 폭력적 범죄를 전문적으로 다루는 아동 조사 면담 전문가들로 이루어진 기관이다. 아동 조사 면담관들은 임상 사회복지사 자격증을 소지하고 있으며 아동 면담과 관련된 기술적 측면에 있어 고도로 훈련된 면담관들이다(The Federal Bureau of Investigation, 2012a).

이러한 역할을 잘 수행할 수 있기 위하여 아동 조사 면담관들에게는 아동들이 경험했거나 목격한 것에 대하여 이야기하도록 하는 능력이 요구된다(The Federal Bureau of Investigation, 2012a). FBI의 아동 조사 면담관인 Stephanie Knapp는 아동 대상 면담에서 제대로 된 면담 기술을 사용하는 것이 얼마나 중요한지에 대하여 다음과 같이 이야기하고 있다.

"전형적인 성인 사건에 적용되어 오던 경찰의 전통적 면담 방법은 범죄 피해자 혹은 증인이 아동인 경우에는 비생산적인 경우가 많다. 종종, 면담 기술의 부족으로 인해 사건의 결과가 성공적이지 못하게 되기도 한다. 아동학대 사건에서는 피해자가 유일한 목격자인 경우가 많으며, 따라서 면담이 조사에서 매우 중요하고 결정적인 요소가 될 수 있다(The Federal Bureau of Investigation, 2012b)."

FBI의 아동 조사 면담관들이 가진 전문성과 면담 기술은 전국적으로 요구되는 능력이다. 아동이 범죄의 목격자 또는 피해자가 되는 사건은 미국 전 지역에서 빈번하게 발생하기 때문이다. 또한 아동 대상 범죄는 범죄 양상 또는 피해의 양상도 광범위하다. 몇 가지만 예를 들어 보자면, 살인 사건을 목격한 11살 소년이나, 부모님이 자신의 언니를 때리고 벽장 안에 몇 주 동안 가둬 놓은 것을 목격한 겁먹은 10대 소녀, 온라인 채팅을 통해 만난 두 성인 남성의 유혹에 넘어가 오프라인에서 이 남성들로부터 성폭행을 당한 12살 소녀 등 아동들은 강도 높은 범죄의 피해자 또는 목격자가 될 수 있다(The Federal Bureau of Investigation, 2012a).

FBI 아동 조사 면담관의 주된 역할은 위와 같이 아동을 대상으로 한 범죄 사건의 피해 조사를 지원하는 일이다. 범죄의 피해 또는 목격으로 인해 심리적, 정신적, 신체적 피해를 경험하고 있는 면담 대상이 아동이라는 점에서, 아동 조사 면담관은 피면담자, 즉 잠재적 증인이 가지고 있는 독특한 발달적, 정서적 필요에 대하여 고려해야 한다.

그러나 전적으로 피해자의 심리적 필요와 요구를 충족시키는 데에만 초점을 맞출 수는 없다. FBI 아동 조사 면담관들은 아동을 지원하는 역할을 하지만, 동시에 경찰의 역할을 수행해야 하기 때문이다. 구체적으로 아동 조사 면담관들은 피해 아동의 심리적 치유와 가해자 기소를 모두 성공적으로 수행해야 한다(The Federal Bureau of Investigation, 2012b). 먼저, FBI 아동 조사 면담관은 피해 아동에게 남은 평생 자신을 피해자라 정의하며 살 필요가 없음을 이해시켜야 한다. 이러한 목적을 달성하기 위해서는 아동이 입은 범죄피해 사실에 관하여 구체적인 질문들을 함으로써 범죄피해에 대한 상세한 기억들을 회상시키는 것이 도움되지 않을 수도 있다. 가해자를 기소하여 합당한 처벌을 받도록 하기 위해서는 이와 같은 작업은 반드시 필요하다. 그러나 다른 한 편에서 생각하면, 가해자의 기소 및 처벌에만 초점을 둘 경우 아동의 범죄피해 사실을 조사하는 과정에서 아동이 이차적인 피해를 겪게 될 수도 있다. 따라서 FBI 아동 조사 면담관들이 맡은 역할을 성공적으로 수행하기 위해서는 피해자를 위한 최상과, 케이스, 즉 범죄 해결을 위한 최상 사이의 미묘한 균형을 유지하는 능력과 감각을 갖추어야 한다(The Federal Bureau of Investigation, 2012a).

나. OVA(피해자 지원 부서)의 활동

FBI 아동 조사 면담관들이 소속되어 있는 피해자 지원국에서 하는 활동은 크게 면담과 훈련의 두 가지로 나누어진다. FBI 내 OVA(피해자 지원 부서)의 아동 조사 면담관들은 매년 전국적으로 수백 건의 면담을 직접 실시한다. 그러나 소수의 FBI 아동 조사 면담 전문가들이 전국에서 발생하는 모든 아동 대상 범죄 사건의 피해자 면담을 전담하는 것은 불가능하다. 따라서 각 지역의 경찰들이 이러한 사건의 피해자들을 적절한 방법으로 면담할 수 있도록 교육 및 훈련 활동을 실시한다(The Federal Bureau of Investigation, 2012a). OVA(피해자 지원 부서)에서 실시하는 면담 기술 교육 및 훈련은 미국 내의 경찰들만을 대상으로 하는 것이 아니라, 국내외 경찰들을 모두 대상으로 한다. 각각의 역할에 대하여 보다 구체적으로 알아보겠다.

1) 조사 면담

Forensic Interviewing Program(법의학 면담 프로그램 또는 조사 면담 프로그램)은 OVA(피해자 지원 부서)에서 제공되는 프로그램 중 하나이다. 피해자 지원국에는 4명의 FBI 조사 면담관이 소속되어 있다. FBI 조사 면담관들은 범죄 피해자 또는 범죄의 목격자인 아동, 청소년, 및 성인을 대상으로 하여 면담을 실시한다(The Federal Bureau of Investigation, 2012c). 이 면담은 법정에서 증거로 사용될 수 있는 진술을 얻기 위한 조사 면담 즉, 법의학 면담이다. 증언이 법정에서 증거로 사용되기 위해서는 FBI의 프로토콜을 준수하며 실시된 면담에 의한 증언이어야 한다. 이 프로토콜을 따라야만 증언에 대한 반대 신문에 대하여 다시 합법적으로 방어할 수 있기 때문이다. 따라서 FBI 조사 면담관들은 아동을 대상으로 피해 조사 면담을 실시할 때 여러 단계로 이루어진 면담 프로토콜의 각 단계를 따른다.

FBI의 면담 프로토콜은 실증적 연구 결과를 바탕으로 하여 만들어진 것이다. 객관적, 경험적 자료를 바탕으로 한, 효과가 검증된 기술과 방법을 종합하여 만든 것이므로 매우 효과적인 기술인 것으로 보고된다. 실제로, 전통적인 면담 방법을 사용한 조사 면담에서는 얻어내는 데 실패한, 사건을 해결하기 위해 핵심적으로 필요한 정보들을 FBI의 면담 프로토콜을 사용한 면담에서 자주 얻어내는 것으로 나타나고 있다(The Federal Bureau of Investigation, 2012a).

따라서 FBI의 아동 조사 면담관들은 오랜 시간에 거쳐 검증되어온 프로토콜을 바탕으로 하여 아동 피해자와의 관계를 형성한다. 따라서 FBI 아동 조사 면담관들에게는 면담 프로토콜에 대한 상세하고 온전한 이해 및 이를 따르는 능력과 기술이 요구된다. 아동 피해자와의 면담을 실시할 때에는 먼저 라포 형성 과정을 통해 피해 아동과 적절한 관계를 형성하는 것이 필요하다. 이 과정에서 아동과 교감하고 아동이 면담자를 신뢰하도록 하는 것이 필요하다(The Federal Bureau of Investigation, 2012a). 아동 피해자와 조사 면담을 하기 위해 단기간에 신뢰 관계를 형성하기는 쉽지만은 않은 일일 수 있다. 법의학적 면담 시, 대부분은 아동과 충분한 신뢰를 쌓을만한 시간이 없는 경우가 많다. 또한 아동과 면담자가 서로 다른 언어를 사용하는 경우에는(예, 면담자는 영어를, 아동은 중국어를 사용하는 경우) 두 사람의 대화가 통역자를 통해 간접적으로 이루어진다. 따라서 이처럼 간접적 소통을 할 경우 피해 아동과 면담자가 직접적인 의사소통을 할 때보다 신뢰관계를 형성하기 어렵다. 어떤 아동들은 부모 또는 보호자에게 '다른 어른'을 신뢰하지 말라는 교육을 받기도 한다. 이런 아동들은 '다른 어른'인 면담자에 대하여도 기본적으로 불신의 태도를 형성하고 있을 수 있다. 때로는 단순히 아동이 아직 범죄피해 사실에 대하여 이야기를 나눌 심리적인 준비가 되어있지 않은 경우도 존재한다. 이처럼 아동이 면담자를 신뢰하지 않아 진술하지 않는 다양한 상황을 마주할 수 있으므로, 피해 아동과의 면담을 실시할 때 아동 조사 면담관은 이러한 상황에 유연하게 대처할 수 있는 자세와 능력이 필요하다(The Federal Bureau of Investigation, 2012a).

2) 경찰 교육

FBI의 OVA(피해자 지원 부서)가 담당하고 있는 또 다른 중요한 역할은 경찰 교육이다(The Federal Bureau of Investigation, 2012b). 앞서 언급된 바와 같이 FBI는 전국적으로 수요가 큰 아동 조사 면담관들의 면담 기술을 전국의 더 많은 경찰이 사용할 수 있도록 하기 위하여 경찰 교육 프로그램을 실시하고 있다. 교육의 대상에는 미국 내 경찰뿐 아니라 다른 나라의 경찰들도 포함된다. 경찰들이 FBI 내

OVA(피해자 지원 부서)의 아동 조사 면담 전문가들로부터 훈련받은 기술을 사용하여 현장에서 적절하게 아동 피해자를 면담하는 방법을 학습하도록 하는 것이 교육의 핵심적인 목표이다.

피해자 지원국의 프로그램 디렉터인 Kathryn Turman는 다음과 같이 말했다.

"정보와 증거를 얻어내는 것 이외에 가장 중요한 사항 중 한 가지는, 아동에게 추가적인 트라우마를 주지 않는 방법으로 증거와 정보를 얻어내는 것이다(The Federal Bureau of Investigation, 2012b)."

이처럼 피해 아동을 대상으로 한 조사 면담을 실시할 때 아동에게 추가적인 심리적 부담과 트라우마를 주지 않을 수 있는 면담 기법을 교육하는 것이 FBI OVA(피해자 지원 부서)의 중요한 업무 중 하나이다.

교육 내용에는 다음과 같은 사항들이 포함된다. "아동 피해자와의 면담은 어떤 장소에서 이루어져야 하는가", "면담에는 어떤 사람이 동석해야 하는가", "아동과의 이야기를 시작하는 적절한 방법은 무엇인가", "나이가 어린 피해자들의 마음을 편안하게 하는 방법은 무엇인가", "아동 및 청소년 피해자들과 라포를 형성하는 기법에는 무엇이 있는가" 등이다. 또한 앞서 언급한 바와 같이 경찰 조사관으로서 피해자의 상태를 민감하게 살펴 피해자를 도우려는 노력과 범죄 사건 조사의 노력이 균형을 이루어야 함을 교육을 통해 상기시킨다(The Federal Bureau of Investigation, 2012b).

무엇을 묻고 무엇을 묻지 말아야 하는지를 아는 것은 매우 중요하다. 뿐만 아니라 어린 범죄 피해자들이 마음을 열어 이야기 할 수 있게 하는 방법을 아는 것 또한 매우 중요하다(The Federal Bureau of Investigation, 2012b). 이러한 지식과 기술을 온전하게 갖추어야만 아동에게 이차적인 트라우마를 경험하게 하지 않으면서도 효과적인 범죄 조사를 수행할 수 있기 때문이다.

다. FBI OVA(피해자 지원 부서)의 경찰 훈련 프로그램

FBI 피해자 지원국에서 미국 내외의 경찰들을 대상으로 실시하는 훈련 프로그램에 대하여 구체적으로 살펴보겠다. 프로그램은 크게 두 파트로 나누어진다. 먼저 첫 번째 훈련은 이틀간의 강의로 이루어진다(The Federal Bureau of Investigation,

2012c). 첫째 날에는 면담 가이드라인 및 프로토콜에 대한 교육이 이루어진다. 구체적인 강의 내용은 기간이나 상황에 따라 달라질 수 있는데, 아동 및 청소년 인신매매 피해자를 대상으로 한 법의학적 조사 면담 기술, 면담 과정, 면담 가이드라인 등에 대한 교육이 이루어질 수 있다. 둘째 날의 교육은 주로 아동의 발달과 관련된 강의로 이루어진다. 유아, 청소년의 발달 단계에 대한 교육이다. 아동 및 청소년을 상대로 조사 면담을 성공적으로 수행하기 위해 필요한 지식의 두 가지 측면을 각각 하루씩 다루는 것이다.

훈련 프로그램의 두 번째 파트는 모의 면담 프로그램 실시이다. 이 프로그램에서는 실제 범죄 피해자 대신 그 역할을 연기해 줄 훈련된 배우들을 사용한다. 이 배우들은 아동의 발달 단계 및 아동학대의 역동에 대한 훈련이 된 사람들로, 학대당한 아동의 모습을 현실감 있게 연기한다(The Federal Bureau of Investigation, 2012b). 배우들에게는 대본이 주어지고, 이 대본에 따라 서로 다른 역할을 수행하도록 한다. 범죄 유형에 따라 배우들은 특정 범죄 피해자의 전형적인 행동을 보이도록 훈련된다. 그중 한 가지가 비협조적인 태도이다. 범죄피해 아동들은 경찰과의 면담에서 전형적으로 초반에는 비협조적인 태도를 보이기 때문에 이렇게 연기하도록 훈련을 받는 것이다.

훈련생들은 면담실에 들어가기 전에 피해자가 처한 상황에 대한 설명을 듣는다. 그 후 면담실에 들어가 피해자(의 연기를 하는 배우)와 연습 면담을 실시하도록 한다. 이때, 훈련생이 주변국의 경찰, 즉 외국인인 경우에는 FBI에 소속된 통역관의 도움을 받는다. 면담이 끝나면 CCTV를 통해 면담을 지켜본 아동 조사 면담관으로부터 면담에 대한 평가를 받는다. 모든 훈련생은 두 번의 모의 면담을 하게 된다. 첫 번째 면담에 대하여 피드백을 받은 뒤, 이 피드백 내용을 두 번째 면담에 반영해 볼 수 있는 기회를 제공하기 위해서이다(The Federal Bureau of Investigation, 2012b). 모든 훈련생들은 첫 번째 면담보다 두 번째 면담에서 눈에 띄게 향상된 면담 기술을 보여, 첫 번째 모의 면담에 대한 피드백이 효과를 가지는 것으로 볼 수 있다.

모의 면담에서 경찰 훈련생들이 마주하는 상황의 한 예를 살펴보겠다. 피해자는 10대의 여학생(을 연기하는 배우)이다. 면담 조사관은 미국 Quantico에 위치한 FBI 아카데미에서 훈련 프로그램 수강 중인 주변국의 경찰이다(The Federal Bureau of Investigation, 2012b). 모의 면담의 시나리오는 다음과 같다. 10대 소녀가 온라인에서 알게 된 한 성인 남자의 꾐에 빠져, 자신의 나체 사진들을 보냈다. 조사관은 이 남자에 대한 고소를 준비 중인 상황이다. 훈련생은 모의 면담에 들어가서 소녀에게 어떻게 범죄피해를 입었는지 물어보고 피해자의 진술을 받아야 한다. 피해자 역의 배우는 (사전에 훈련받은 대로) 매우 회피적인 자세로 면담에 임하며, 면담관이 자신과의 연결점을 찾아낼 때까지 끊임없이 질문을 바꿀 것을 요구한다. 이 모의 면담이 이루어지는 장소 근처의 다른 방에서 함께 훈련받는 훈련생들이 CCTV를 통해 동료의 모의 면담을 관찰한다. 동료 경찰이 자신들이 학습한 면담 프로토콜을 실제적인 면담 상황에서 잘 적용하는지를 평가해 본다(The Federal Bureau of Investigation, 2012b).

06

노르웨이

1. 노르웨이의 진술조력인 제도

노르웨이에서는 16세 이하의 아동이 경찰에게 진술해야 하는 경우, 특별한 자격을 갖춘 사람이 아동과의 조사 면접 시 진술조력인의 역할을 수행하고 지원하도록 되어있다. 16세 이하의 아동이 성적 학대 사건의 피해자인 경우에는 모두 이 보호 프로그램의 대상이 된다. 성적 학대 사건이 아니라도 다른 범죄 사건 중에서도 16세 이하 아동 피해자가 이 프로그램의 대상이 되기도 한다(New Zealand Ministry of Justice, 2015). 진술조력인은 조사 계획을 세우는 단계에서 배정된다. 피해 아동의 진술을 받고 조사를 실시하는 주체는 경찰이며, 진술조력인은 이 조사에서 지원을 제공한다(법무부, 2013b).

아동 피해자 보호를 위해 아동의 증언은 공판 전, 증인 신문을 통해 이루어진다. 모든 진술은 녹취된다. 이러한 증언에 대한 녹화 기록은 범죄 사실이 경찰에 보고된 지 2주 이내에 이루어져야 한다(New Zealand Ministry of Justice, 2015). 증언이 녹화로 기록되어야 하므로 조사 면담은 면담 장면을 영상으로 녹화할 수 있는 장소에서 실시된다. 이러한 방법으로 초기에 아동의 증거를 수집하는 이유는 아동을 보호하기 위함이다.

아동의 보호와 동시에 증언에 대한 객관적인 확인 작업을 하기 위하여 증인 신문, 즉 아동의 증언은 판사 및 재판의 양측, 즉 검사와 피고 측 변호인 앞에서 실시된다(New Zealand Ministry of Justice, 2015). 면담이 이루어지는 동안 판사, 검사, 및 피고 측 변호사가 모니터실에서 조사 면담 과정을 참관하고, 조사 후 참관자들이 진술과 관련한 논의를 거친다. 논의 후에 판사가 양측, 즉 검사와 피고 측 변호사의 의견을 조율하는데, 이 조율된 의견이 아동 재조사에 반영된다. 아동을 대상으로 실시한 조사 면담의 영상 녹화물은 법정에서 증거로 사용될 수 있으며, 이러한 증거는 아동의 법정 출석 및 법정 증언을 대신할 수 있다(법무부, 2013b).

1994년 이전에는 아동의 심리나 발달단계에 대한 전문적 지식을 가지고 있는 심리학자, 사회복지사가 조사 면담을 수행했었다. 그러나 범죄피해 조사이니만큼 경찰에 의해 이루어지는 것이 바람직하다고 여겨져, 1994년 이후부터는 아동 면담에 전문화된 경찰 조사관이 면담을 실시할 것이 권고되어 왔다(법무부, 2013b). 이러한 변화로 인해 아동의 발달이나 심리에 대한 전문성이 떨어지는 것을 방지하기 위하여, 전문화된 경찰은 아동의 진술 및 행동 방식에 대한 전문적 지식 보유해야 하며, 아동과의 라포 형성 능력을 갖추어야 한다.

조사/법의학 면담을 전문적으로 담당하는 경찰 조사관이 아동 피해자와의 면담을 실시한다. 판사와 피고 측 변호사, 검사가 인접한 방에서 이 면담을 관찰한다. 면담자는 반드시 면담 동안 판사 및 양측, 즉 피고 측 변호사와 검사 모두와 상의해야 한다. 면담 내용, 즉 증거에 대해 피고 측 변호사는 이의를 제기할 수 있으며 질문을 할 수 있다. 단, 질문은 면담자를 통해 전달되어야 하며 변호사가 아동 피해자에게 직접 질문할 수는 없다(New Zealand Ministry of Justice, 2015).

2. 노르웨이의 아동 피해자 보호 제도의 변천사

1926년 이전의 노르웨이 범죄 사법 제도는 호주의 변론주의와 유사한 시스템을 갖추고 있었다(Watts, 2013). 피해 아동이 일차적으로 경찰에 증언한 뒤, 다시 예비사법공청회(preliminary judicial hearing)에서 증언하고, 그 뒤 또다시 본 청문회에서 증언해야 했다. 심지어 항소 과정에서도 아동이 반복해서 증언해야 하는 경우가 발생했다. 이 모든 단계에서 피해 아동이 반복적으로 직접 증언을 해야 했으므로 아동이 겪어야 하는 이차적인 피해가 심각했다(Watts, 2013). 이러한 범죄 사법 시스템이 아동 피해자들을 대하는 처우에 대한 문제가 제기되기 시작하였다.

따라서 이와 같은 문제점을 바로잡기 위하여 노르웨이에서는 1926년 이후, "사법 신문 제도(Judicial questioning)"가 도입되었다. 이 제도는 16세 이하의 아동에게 적용되었는데, 이에 따라 피해 아동에 대한 신문은 법정 밖에서 이루어지게 되었다. 또한 아동 증인의 경우, 면담 내용과 면담 과정에 대한 기록 및 메모를 법정에서 증거로 사용할 수 있도록 허락되었다. 또한, 이러한 자료가 법정에서 증거로 사용되기 위하여 따라야 하는 피해 아동에 대한 면담 방식을 법적으로 규정해 놓았다(Watts, 2013).

1986년 다시 관련법이 개정되었을 때는 '사법 신문 제도'의 적용을 받는 나이를 14세 이하로 낮추었다. 14세 이하의 아동을 대상으로 한 피해 조사 면담의 경우 이 면담은 반드시 녹취하도록 하였다. 또한, 예외적인 상황을 제외하고는 아동 피해자를 대상으로 한 반복적인 면담을 피하도록 하였다(Watts, 2013). 이와 같은 개정이 있었던 이유는 당시 아동을 대상으로 할 때의 적절한 면담 횟수에 대하여 논쟁이 존재했기 때문이다. 아동은 성인보다 심리적으로 취약하기 때문에 단 한 번의 면담만 이루어져야 한다는 의견을 제시하는 사람들이 있다. 여러 차례의 면담을 겪으면 아동에게 심리적으로 너무 큰 부담이 지워진다는 것이다. 반면, 사실을 밝히기 위해서 1회 이상의 면담이 필요한 경우가 발생할 수 있으므로 2회의 면담이 아동에게 더 유익하다는 주장과 연구 결과들도 존재한다(Watts, 2013).

이러한 법은 1992년 개정되기 전까지 유지되었다. 1992년에 법이 다시 개정된 이후부터는 특별한 훈련을 받은 경찰 조사 면담관이 피해 아동에 대한 면담을 진행하게 되었다. 또한 면담이 이루어지는 방식에 대하여도 새로운 규제가 도입되었다. 아동 면담을 위해 경찰 조사 면담관이 받아야 하는 훈련은 아동 및 지적 장애를 가진 성인 면담 시 사용하도록 개발된 "NICHD 프로토콜" 사용 훈련이다(Watts, 2013). 또한 아동 면담을 실시하기 위해서는 최소 3년 이상의 형사 경력과 석사에 해당하는 자격증을 필요로 하게 되었다.

NICHD 프로토콜이란 미국의 국립 보건원 산하 국립아동보건인간개발연구소(National Institute of Child Health and Human Development)에서 아동 피해자 면담 시 권장되는, 바람직한 면담을 위해 만든 프로토콜이다. 이 프로토콜은 구조화된 인터뷰 프로토콜로서, 수많은 관련 연구 결과들을 바탕으로 하여 얻어진 전문적인 아동 피해자 면담에 관한 제안 사항을 현장에 맞게 구조화한 것이다. 즉, 연구 결과를 현장에서 아동 면담을 담당하는 경찰 혹은 상담가들이 실제 범죄피해 면담 현장에 적용할 수 있도록 만들어졌다. 이 NICHD 프로토콜에는 범죄수사를 위한 면담의 모든 과정에 대한 구체적인 단계별 안내가 담겨 있다. 특히 아동 피해자 또는 목격자가 면담 환경에서 자유 회상 및 자유 진술을 통해 정보를 제공할 수 있도록 하는 방법, 자유진술을 통해 얻어진 정보의 정확성 및 양을 극대화 할 수 있는 기법, 구체적인 질문이나 폐쇄적 질문을 사용하는 순서나 방법 등이 포함되어 있다(Lamb, Orbach, Hershkowitz, Esplin, & Horowitz, 2007).

노르웨이에서는 그 효과가 검증된 NICHD 프로토콜이 아동 면담에 사용되도록 법을 통해 정해져 있다. 가장 최근에는 2008년에 다시 법이 개정되었으며, 이때 '사법 신문 제도'가 적용되어 사전에 조사 면담을 받는 아동의 최고 연령이 14세에서 16세로 높아졌다(Watts, 2013). 이 법은 현재까지 유지되고 있다.

3. Barnehus(어린이의 집)

가. 관련 제도

노르웨이의 "Barnehus"는 노르웨이 언어로 '어린이의 집'이라는 의미를 갖는다. Barnehus(어린이의 집)는 아동 피해자들을 지원해주기 위한 시설로, 미국의 CAC(아동 변호 센터)를 기초로 하여 세워진 기관이다. 첫 Barnehus(어린이의 집)는 노르웨이에 2007년 11월에 설립되었다. 현재는 노르웨이 전역에 10개의 Barnehus(어린이의 집)가 남북으로 펼쳐져 있다. Barnehus(어린이의 집)는 정부의 세개 부처가 공동으로 책임을 가지고 있다. 이 세 부처는 각각 "Ministry of Children, Equality and Social Inclusion(아동, 형평성 및 사회적 통합부)", "Ministry of Health and Care Services(보건복지부)", 그리고 "Ministry of Police and Public Security (경찰 및 공공안전부)"이다(Watts, 2013). Barnehus(어린이의 집)에 대한 공동 책임을 가지고 있는 세 부처의 특성을 살펴보면 노르웨이 어린이의 집이 추구하는 바를 알 수 있다. 즉, 어린이들의 건강과 안전을 제공하고, 사회적 약자인 어린이들을 위한 형평성을 유지하기 위한 시설임을 짐작할 수 있다. 이에 걸맞게 노르웨이 Barnehus(어린이의 집)는 적극적인 조정을 통해 학대받은 아동에게 안전한 환경, 건강 관리, 법적 보호를 제공하는 것을 비전으로 삼고 활동하고 있다(Watts, 2013).

노르웨이 Barnehus(어린이의 집)에서 도움을 받을 수 있는 대상에는 노르웨이의 모든 아동 및 정신적 손상이 있는 성인이 포함된다. 일반적으로 3세부터 16세까지의 아동이 주로 Barnehus(어린이의 집)의 도움을 받는다. 특별한 경우에는 18

세까지 그 연령의 범위를 늘리기도 한다. Barnehus(어린이의 집)는 특히 아동이 신체적 학대 또는 성적인 학대나 가정폭력에 노출되었을 것으로 의심이 제기되는 경우에 피해 아동에게 지원을 제공하기도 한다.

Barnehus(어린이의 집)에서 범죄피해 아동들에게 제공하는 지원에는 의료적 검사, 법의학 면담 및 목격자 면담, 아동과 아동의 보호자에 대한 심리상담, 단기 치료 또는 지역 지원서비스 센터로 이송, 조정과 상담 등이 있다. 즉, 신체적 지원과 심리적 지원을 모두 포함한다. Barnehus(어린이의 집)에서 범죄 피해 조사 면담이 이루어지는 것은 형사소송법 239조에 근거한 것이다. 이 조항에 의하면 16세 이하의 아동에 대한 면담은 반드시 법정 밖의 중립적인 환경에서 이루어져야 한다. 이 면담의 공정성 및 객관성을 유지하기 위하여 법정 밖에서 이루어지는 아동의 면담은 조사면접 및 관찰에 관한 가이드라인의 규제를 받는다(Watts, 2013). 피해자 및 피해자 가족에게 지원되는 서비스 외에 Barnehus(어린이의 집)은 전문적 인력의 기술 개발 및 안내, 전문 인력 간 인적 네트워크를 제공하는 역할도 담당한다(Watts, 2013).

나. Barnehus(어린이의 집)에서 이루어지는 피해 조사 면담의 절차

아동이나 장애가 있는 성인에 대한 학대 신고가 접수되면, 피해자를 경찰이나 보호자가 Barnehus(어린이의 집)로 안내한다. Barnehus(어린이의 집)에 소속되어 있는 임상의가 피해 아동을 맞이한다. 임상의는 아동 및 보호자와 앞으로 진행될 절차 및 겪게 될 사항들에 대하여 논의한다. 그 후, 임상의가 아동에게 면담에 대한 정보를 주며 면담 준비를 시킨다. 면담 시작 전에 아동에게 미리 공지하는 정보에는 면담을 누가 듣게 되는지, 즉 면담의 참관인에 대한 정보, 면담이 이루어질 장소, 그리고 앞으로 어떤 일들이 일어날 것인지에 대한 정보 등이 포함된다(Watts, 2013).

피해 아동에게 신체적 손상이나 부상이 있는지 확인하기 위해 법의학적 검진이 실시되면 Barnehus(어린이의 집)에 오슬로(Oslo) 대학병원의 사회소아과 의사와 간호사들이 특별하게 마련해놓은 방에서 면담을 실시한다. 아동의 신체적 부상이 심각하여 Barnehus(어린이의 집)에서 치료할 수 있는 수준을 넘어서는 의료적 치료를 즉각적으로 필요로 하는 경우에는 즉시 아동을 병원으로 옮긴다(Watts, 2013).

Barnehus(어린이의 집)에서 실시되는 피해 조사 면담은 훈련된 경찰이 진행하며, 모든 면담 내용은 영상으로 기록된다. 판사, 검사, 피고 측 변호사, 아동의 변호사는 회의실에서 면담이 이루어지는 과정을 참관한다. 또한 면담이 진행되는 동안 아동의 정신 건강을 평가하기 위해 Barnehus(어린이의 집)에 소속되어 있는 심리학자도 면담을 참관한다.

면담이 이루어지는 과정은 다음과 같다. 면담을 맡은 경찰이 피해 아동에게 피해와 관련하여 진술하도록 한 뒤, 확인을 위한 질문을 한다. 면담 담당 경찰이 면담이 끝났다고 판단하면 아동에게 휴식시간을 준다. 아동이 휴식을 취하는 사이 판사 및 다른 면담 참관자들과 면담 내용에 대하여 상의한다. 상의 후, 판사와 다른 관찰 참여자들이 아동에게 추가적으로 하고 싶은 질문을 더 제시할 수 있다. 이때 이스라엘의 경우와 달리 노르웨이에서는 유도적 질문이나 암시적인 질문은 할 수 없도록 금지되어 있다. 경찰은 추가로 질문할 내용을 가지고 면담실로 돌아와 아동과 추가로 이야기한 뒤, 면담을 마무리한다.

면담 시 증언에 포함되어있지 않았던 내용이 추후에 추가적으로 밝혀지지 않는 한, 아동에게 이후의 추가적 면담은 요구되지 않는다. 또한 Barnehus(어린이의 집)에서 참관인들의 관찰 하에 면담한 아동은 법정 증언을 할 필요가 없으며, 따라서 반대 신문을 받을 필요도 없다. 그러나 아동이 15세 이상일 경우에는 법정에서 면담이 이루어져야 한다(Watts, 2013).

Barnehus(어린이의 집)에서는 피해 아동들에게 추가적인 서비스를 제공한다. 먼저 피해 아동과 그 보호자를 위해 추수 상담 및 심리치료를 제공하며, 필요에 따라 지역 서비스센터로 의뢰해 주기도 한다.

다. Barnehus(어린이의 집) 평가

노르웨이에서 Barnehus(어린이의 집)가 잘 운영되고 있는지에 대한 평가가 2012년에 이루어진 바 있다(Watts, 2013). 평가 결과, 전반적으로 우수하다는 평가를 받았다. Barnehus(어린이의 집)를 이용하는 아동과 성인들이 이곳에서 잘 관리를 받고 있으며, 아동들은 이곳을 '자신의 이야기를 하기 좋은 곳'이라 느낀다고 평가하는 것으로 나타났다. Barnehus(어린이의 집) 직원들은 자신이 맡은 역할을 잘 이해하며 잘 수행하고 있다고 평가되었다. 또한 상주 전문가들 사이에서도 상당한 협동이 이루어지고 있는 것으로 보고되었다. 특히 치료적 측면과 법적인 측면의 협동이 잘 이루어지고 있다는 평가를 받았다. 뿐만 아니라 어린이의 집은 인근 지역의 서비스 센터들로 피해 아동과 그 가족들을 연계시키는 활동을 통해, 지역의 지원 서비스 센터들의 역량을 계발시키는 데에도 기여한다는 좋은 평가를 받았다.

07

기타 국가

1. 뉴질랜드의 진술조력인 제도

뉴질랜드는 아동 대상 범죄가 자주 일어나는 국가 중 하나이다. 한 조사에 의하면 뉴질랜드에서 매년 2,000명 정도의 아동이 형사 법정에 증인 또는 원고로서 참여한다고 보고된다(Bekink, 2016). 뉴질랜드도 다른 여러 나라와 마찬가지로 아동 피해자들이 일반적인 법정의 증인석에서 성인과 마찬가지로 증언하고 반대 신문을 견뎌야 하는 제도를 가지고 있었다. 여기에 대하여 아동 증인들이 추가적으로 겪는 피해가 크다는 우려의 목소리가 점차 높아지면서 아동 피해자 및 증인을 보호하기 위한 제도가 도입되기 시작하였다(Bekink, 2016). 그중 한 가지가 진술조력인 제도이다.

뉴질랜드에서는 국회에서 1989년, "New Zealand Evidence Amendment Act", 즉 증거와 관련된 법 개정안을 통과시켰다. 이 개정안을 통해 성적 학대 사건의 피해자가 17세 이하인 경우 기존의 법정 증언이 아닌 대안적 방법을 통해 증언할 수 있게 되었다. 이 대안적 방법에는 피해 조사 면담의 사전 녹화 및 실시간 TV 링크를 통한 반대 신문 등이 포함된다(Spencer & Lamb, 2012). 뿐만 아니라, 17세 이하의 아동 피해자가 증언해야 하는 경우에는 모든 질문을 진술조력인을 통해서 할 수 있도록 하였는데, 진술조력인은 아동을 향한 질문을 듣고 아동에게 전달할 수 있다.

뉴질랜드의 진술조력인 제도는 아동청소년가족부(Child, Youth and Family)와 뉴질랜드 경찰(New Zealand Police)이 담당하고 있다. 이 제도에 의해 취약한 범죄

피해자 및 목격자를 위한 발전된 형태의 조사 면담서비스가 갖추어져 있다(New Zealand Ministry of Justice, 2015). 뉴질랜드에서는 진술조력인이 제공하는 도움이 아동의 반대 신문과 재신문에 집중되어 있으며, 법정과 CCTV실, 재판 전의 사전 녹화 자료 등 모든 상황에서 진술조력인을 적용할 수 있다. 진술조력인의 공식적인 역할은 책임감 있고 공정하게 변호사의 질문을 아동에게 전달하는 것이다(Bekink, 2016).

진술조력인의 도움을 받음으로써 아동 피해자가 얻을 수 있는 이익은 첫째, 증인 또는 피해자인 아동에 대한 부적절한 질문, 예를 들어 이해하기 어려울 만큼 복잡하거나 아동을 심리적으로 혼란스럽게 만드는 질문 등이 진술조력인에 의해 조절될 수 있다는 점이다. 뿐만 아니라 아동에게 스트레스를 유발하는 강도 높은 반대 신문도 진술조력인에 의하여 완화될 수 있다. 둘째, 또 다른 장점은 아동 증인이 경험하는 스트레스가 덜하고, 아동이 모든 질문을 이해할 수 있게 된다는 점이다. 이로 인하여 아동으로부터 정확하고 신뢰할 수 있는 증거를 도출하기가 더 쉬워진다. 셋째, 암시적 질문으로 인한 잘못된 정보를 얻을 가능성이 감소된다는 점이다. 아동들은 성인 또는 경찰 등과 같은 권위자에 대한 존중으로 인해 암시적 질문에 동의할 위험성이 성인보다 높으며, 아동에게 발달 장애가 있을 경우 그 정도는 더욱 심해진다(Sigelman, Budd, Spanhel, & Schoenrock, 1981). 법정 증언 시 진술조력인의 도움이 없이 아동이 직접적으로 반대 신문을 받게 되면 반대 측의 질문에 대하여 사실과 상관없이 아동이 인정하거나 동의하게 될 수 있다. 그런데 진술조력인 제도의 도움을 받게 되면 암시적 질문에 대하여 동의할 위험이 감소한다는 장점이 있다. 마지막으로, 진술조력인이 의사소통 전문가일 경우에는 어린 아동, 지적 능력에 한계가 있는 목격자, 이해 능력이나 의사소통 능력에 어려움이 있는 목격자 등이 특별히 유익을 누릴 수 있다.

2. 호주의 진술조력인 제도

가. 서호주의 진술조력인 제도

서호주의 법원에서는 아동 목격자에게 의사소통자로서 역할을 할 사람을 제공한다(Bowden, Henning, & Plater, 2014). 즉, 진술조력인과 유사한 역할을 하는 사람의 개입을 허용하는 것이다. 취약한 증인, 즉 아동이나 지적 장애를 가진 증인들도 반대 신문을 받을 수 있으나, 적절한 가이드라인을 따라야 한다. 서호주의 "아동 및 지적 장애를 가진 개인에 대한 반대 신문 가이드라인(Guidelines for Cross-examination of Children and Persons Suffering a Mental Disability)"에 의하면 질문은 단순해야 하며, 증인은 '거짓말을 한다'는 의심 또는 비난을 받지 않아야 한다(Bowden et al., 2014).

서호주에서는 1992년부터 아동이 관련되어 있는 사건에는 '사전 녹음 모형'이 적용되었다. 즉, 경찰(또는 조사 담당자)이 아동 피해자, 또는 지적 장애가 있는 피해자와 갖는 면담을 오디오·비디오로 기록하며, 이 기록이 재판에서 증거로 사용되는 것을 허용하는 것이다(Bowden et al., 2014).

취약한 증인의 증언 전체를 녹음·기록하는 제도의 장점 중 한 가지는 가장 빠른 기회에 증인의 증언을 취득함으로써 증언의 질을 극대화시킬 수 있다는 것이다. 이전에는 재판이 이루어지는 법정에서 증언하기까지 아동이 대기하여야 했었다. 이로 인하여 사건이 발생한 시점으로부터 상대적으로 오랜 시간이 지난 후에 비로소 법정 증언을 할 수 있었으므로 아동 또는 지적 장애를 가진 증인의 기억이 약화될 수 있다. 이는 자연스럽게 증언의 질을 떨어뜨리는 현상을 유발했다. 그러나 재판 이전에 아동의 증언을 받고 이를 기록으로 남겨놓을 수 있다면, 상대적으로 피해자의 기억이 온전한 상황에서 증언을 받을 수 있으므로 증언의 질이 높아진다.

또 다른 장점은 취약한 증인에게 전통적 법정 환경에서 증언해야 하는 스트레스를 덜어준다는 측면이다. 아동이나 지적 장애를 가진 피해자는 일반적인 범죄 피해자들에 비하여 취약성을 가지고 있다. 물론 법정에는 가해자도 있고, 대중의 눈이 있기 때문에 법정 증언은 일반적인 성인을 포함한 모든 사람에게 스트레스를 주는 상황이다. 하지만 아동과 지적 장애인에게는 더욱 그 스트레스의 강도가 높을 수 있다. 이러한 극도의 스트레스 또는 고통을 경험하는 것은 기존의 범죄피해로 인해 받고 있는 고통을 넘어, 2차적으로 경험하게 되는 스트레스이다. 이러한 스트레스를 회피하기 위하여 범죄피해 사실이 있다 할지라도 사법시스템에 알리는 것을 꺼릴 수 있다. 사전에 피해자의 증언을 녹음·녹화를 통해 기록하는 것은 이러한 부담을 덜어주어, 범죄에 대한 신고율을 높이는데 기여할 수 있다.

'사전 녹음 모형'의 세 번째 장점은 잠재적으로 피고 측의 답변을 고무시킬 수 있다는 점이다. 피해자에게서 더 많은 신고가 이루어지고, 보다 정확한 증언이 제시되기 때문에, 이에 대하여 방어하기 위해서 피고 측도 보다 성실하게 재판에 임하고 답변을 준비하도록 하는 기능을 갖는다(Bowden et al., 2014). 마지막으로 네 번째 장점은 위와 같은 이유로 인해 재판 당사자 양측 모두에서 증거를 더 잘 평가할 수 있게 된다는 점이다(Bowden et al., 2014).

나. 아동 목격자 서비스(Child Witness Service: CWS)

서호주에는 "아동 목격자 서비스(Child Witness Service: CWS)"가 있다(김재민·임낭연, 2015). 지방법원에 위치하고 있는 이 서비스 부서는 재판이 이루어질 때 법정에서 증언을 해야 하는 아동이나 18세 이하 청소년 피해자 및 목격자를 돕는 업무를 한다(Government of Western Australia Department of the Attorney General, 2015b). 법무부에서 지원하는 무료 서비스이므로 피해자 또는 피해자 가족은 비용을 지불할 필요가 없다. 따라서 경제적인 수준과 상관없이 모든 아동 피해자들은 이 서비스를 이용할 수 있다. '아동 목격자 서비스'는 아동 및 청소년 범죄 피해자가 법정에 증인으로 서기까지 이들의 감정적 준비를 돕는 역할을 한다. 더 나아가, 아동이 범죄피해의 충격으로 인해 심리치료 또는 심리상담을 필요로 하는 경우, 적절한 상담 기관을 소개 및 연계해 주기도 한다(김재민·임낭연, 2015).

혐의가 있는 가해자가 검찰로부터 고소를 당한 시점부터 관련 재판이 종료되는 시점까지 '아동 목격자 서비스'로부터 아동 피해자에게 서비스가 제공된다. 즉, 재판과 증언을 준비하는 과정 전체에서 아동 목격자 서비스의 도움을 받을 수 있는 것이다(김재민·임낭연, 2015).

'아동 목격자 서비스'는 지방 법원 건물 내에서도 제한 구역 안에 위치하고 있어, 허가된 사람만 통과할 수 있도록 한다. '아동 목격자 서비스'를 이용하는 피해 아동과 가족이 가해자로부터 안전하게 보호받을 수 있도록 하기 위한 조치이다. 따라서 '아동 목격자 서비스'의 센터 안에 있는 피해자와 가족은 안전감 및 안정감 누릴 수 있다. '아동 목격자 서비스' 부서 내부는 법정과 같은 공식적이고 다소 딱딱한 분위기가 아니라 전체적으로 휴게실 혹은 놀이 공간같이 부드러운 분위기로 꾸며져 있다. 어린 아동들에서부터 10대 청소년들까지, 그리고 피해자의 가족들도 모두 시간을 보내야 하는 공간이므로 다양한 연령대의 사람들이 모두 편안한 시간을 보낼 수 있도록 준비되어 있다(김재민·임낭연, 2015).

'아동 목격자 서비스'의 공간 내에 마련되어 있는 CCTV실(CCTV Room)은 아동이 법정 증언을 하는 분리되고 개인적인 공간이다(Government of Western Australia Department of the Attorney General, 2015a). 아동 피해자를 보호하기 위하여 아동이 법정에 들어서지 않은 채로 증언할 수 있도록 법정과 인접한 곳에 만든 공간으로, 제한 구역인 '아동 목격자 서비스' 내에 자리 잡고 있다. 범죄의 피해를 당하거나 목격한 아동은 심리적으로 불안정한 상태이므로, 공개된 법정에 증인으로 서게 되어 여러 사람의 주목을 받으면 긴장으로 인해 증언을 제대로 하지 못하거나 심한 스트레스나 심적 고통을 받을 수 있다. 또한 법정에서 가해자를 마주하게 되어 극심한 불안이나 공포를 경험하는 등, 범죄피해 이후의 이차적 피해가 우려되기도 한다. 이러한 위험을 방지하기 위하여 서호주에서는 취약한 아동 피해자 및 목격자의 경우 아동 목격자 서비스의 도움을 받아 CCTV실에서 증언을 할 수 있도록 하였다.

CCTV실에서의 증언 절차는 다음과 같다. 증언을 할 아동은 재판이 시작됨과 동시에 CCTV실에 입장하여 재판이 이루어지는 모든 기간 동안 대기하고 있을 필요가 없다. 재판이 시작된 후에도 아동 증인은 자신의 증언 순서 전까지는 대기실이나 휴게실에서 편안하게 대기하다가 자신이 증언할 차례가 되었을 때 CCTV실에 입장한다. CCTV실에는 증언할 아동과 함께 아동의 진술을 도울 (아동이 편하게 여기는) '아동 목격자 서비스'의 직원이 같이 입장한다. 부모나 보호자는 특별한 경우가 아니면 CCTV실에 함께 입장하지 않는데, 그 이유는 아동이 부모나 보호자를 의식하여 증언이 영향을 받을 수 있기 때문이다.

CCTV실의 구조는 다음과 같다([그림 4-2] 참고). CCTV실에는 두 대의 모니터와 카메라, 테이블과 의자가 비치되어 있다. 카메라는 아동 증인의 얼굴을 비추기 위한 것으로, 법정에 있는 모니터로 증언하는 아동의 얼굴을 보게 된다. CCTV실에 있는 두 대의 모니터 중, 한 대는 판사의 얼굴만을 비추는 카메라이다. 다른 한 대의 모니터에는 검사와 피고 측 변호사의 얼굴이 번갈아 나타난다. 중요한 점은, 아동이 보는 CCTV실의 모니터에는 피의자의 모습은 절대로 나타나지 않는다는 점이다. 이로 인해, 아동이 범죄피해 사실에 대하여 증언하면서도 자신에게 해를 끼친 가해자의 모습을 봄으로써 공포나 불안, 외상 등의 이차적 피해를 경험하는 일이 없도록 보호할 수 있다(김재민·임낭연, 2015).

[그림 4-2] 서호주 '아동 목격자 서비스' 내 CCTV실 구조

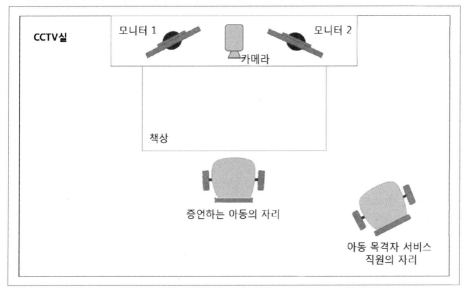

CCTV실의 장점을 정리하면, 첫째, 아동 피해자가 대중의 시선이나 가해자의 존재로 인한 불안감을 느끼지 않는 상태에서 증언하므로, 보다 객관적이고 정확한 증언이 이루어질 수 있다. 둘째, 아동이 가해자를 보지 않도록 보호함으로써 범죄 피해를 입은 아동을 이차적인 피해로부터 보호할 수 있다는 점이다.

다. 안내 서적 개발과 발간

아동 목격자 서비스는 아동 및 청소년 피해자/목격자의 눈높이에 맞춘 안내 서적을 개발하여 발간하고 있다. 일반적인 범죄 피해자들은 형사 사법제도에 대한 많은 지식을 가지고 있지 않은 경우가 많다. 피해자가 아동이나 청소년일 경우에 는 더더욱 그렇다. 따라서 이미 범죄피해로 심리적 충격을 받은 아동들이 재판을 준비하는 과정에서 자신이 잘 알지 못하는 딱딱한 절차들을 겪어야 하는 것에 대 한 불안함을 경험할 수 있다. 안내 서적 개발의 목적은 이러한 피해 아동들의 불안 함을 방지하기 위함이다. 아동들이 아동 목격자 서비스의 도움을 받기 시작한 순 간부터 재판이 마무리될 때까지 겪게 될 과정과 절차들에 대하여 사전에 안내해줄 수 있는 내용으로 되어 있다.

서적에 포함된 내용이 형사사법절차에 대한 소개이다 보니 내용 자체가 익숙하지 않고 딱딱하게 느껴질 수 있다. 따라서 아동을 위한 안내 서적은 아동들이 쉽게 마음을 열 수 있도록 많은 그림이 들어 있다. 또한 점선 이어 그림 그리기, 스티커 붙이기 등 아동들이 재미있게 놀면서 익힐 수 있는 학습지 같은 형식으로 이루어져 있다. 10대 청소년을 위한 서적도 10대들의 눈높이에 맞추어 개발되었다.

범죄 피해자의 PTSD

01

범죄 피해자에게서 나타나는 PTSD

폭력적인 범죄(예, 살인, 음주 운전으로 인한 살인, 성적 학대, 폭행, 강도 등) 피해 경험으로 인해 피해자에게서 가장 빈번하게 발생하는 정신 건강의 문제 중 하나는 PTSD(Post Traumatic Stress Disorder, 외상 후 스트레스 장애)이다(Kilpatrick & Acierno, 2003). 가장 일반적으로 발생하는 범죄 피해의 후유증인 PTSD는 강도가 높은 범죄의 피해자가 되거나 목격자가 되는 경우에 발생하기 쉽다(Kilpatrick & Acierno, 2003). 예를 들어, 실질적인 죽음을 목격했거나 죽음 협박을 받는 등의 외상(트라우마) 사건에 노출된 경우, 자신이나 타인이 심각한 상처나 부상을 입은 경우, 또는 강력한 공포, 무력감, 두려움을 경험한 경우 등이 있다. 예를 들어, 강간 피해자들에게서 PTSD는 매우 흔하게 발생하는데, 낯선 사람에게 강간을 당했거나 강간 도중 물리적 폭력이 사용되었거나, 흉기가 동반되었던 경우에 PTSD가 발병될 확률이 높다(Davis & Breslau, 1994). 신체적 공격을 당한 피해자들을 대상으로 실시된 한 연구에서는 공격의 강도 및 심각성이 이후 6개월간 발생하는 PTSD의 22%를 설명한다고 보고하기도 했다(Halligan, Michael, Clark, & Ehlers, 2003).

관련 문헌들은 실제로 얼마나 많은 범죄 피해자들이 PTSD로 고통받는지 보여 준다. 범죄 피해로 인한 PTSD는 전 생애에 거쳐 나타날 수 있다. Kilpatrick과 Acierno(2003)에 의하면 모든 유형의 범죄의 피해자 전체 중 28.5%는 평생 중 한 번 이상 PTSD를 경험한다고 보고된다. 이는 일반인이 평생 중 PTSD를 경험하는 비율인 9.4%에 비하여 현저하게 높은 수치이다. 여성의 경우, PTSD를 유발하는 가장 흔한 요인은 신체적 공격의 피해이다(Black & Grant, 2014). 뿐만 아니라, 강간 범죄 피해의 경우에 PTSD의 고통이 더욱 심각한 문제일 수 있다. 강간 피해자의 90%가 강간 2주 이내에 PTSD 증상을 보이며, 50%는 범죄가 발생한 시점으로부터 3개월이 지난 뒤에도 여전히 PTSD 증상을 지속적으로 보고한다(Rothbaum, Foa, Riggs, Murdock, & Walsh, 1992). 또한 강간 피해자의 32%는 평생 PTSD를 겪는다고 보고된다(Kilpatrick & Acierno, 2003). 또한 Davis와 Breslau(1994)의 연구에 의하면 강간 피해자의 경우, 강간 사건으로부터 3개월 뒤에 PTSD 증상을 가지고 있었던 사람은 만성적인 PTSD를 겪게 될 확률이 높다.

강간 피해자의 PTSD에 대하여 가장 많은 연구가 이루어져 있긴 하나, 범죄 피해로 인한 PTSD는 강간에만 국한되지 않는다. 신체적 공격을 당한 피해자 중, 16.5%는 17년 후에도 여전히 PTSD 증상을 가지고 있는 것으로 나타났다(Kilpatrick et al., 1987). 가족이나 친구가 살인 사건으로 희생된 경우와 같이 강도 높은 강력 범죄의 경우, 범죄의 직접적 피해자뿐 아니라 간접적 피해자에게서도 PTSD가 나타날 수 있다.

범죄 피해로 인한 PTSD 증상의 발현은 해당 사건을 경험한 직후 바로 나타날 수도 있으나, 범죄 피해 직후에 증상이 나타나지 않다가 이후에 지연된 증상이 나타날 수도 있다(Black & Grant, 2014). PTSD는 일단 발현되면 만성적으로 경험하게 될 가능성이 높으나, 증상이 호전되거나 악화되는 등의 변동 가능성이 있다. 스트레스가 많은 기간 동안 PTSD 증상이 악화되는 것이 가능하다(Black & Grant, 2014).

범죄 피해자에게서 범죄 피해로 인해 PTSD가 발현되면 피해로부터 극복하는데 더 오랜 시간이 걸리거나 힘들어지는 상황이 발생할 수 있다(Kilpatrick & Acierno, 2003). 예를 들어, 피해자가 가해자와 유사한 사람을 본 경우 또는 범죄 피해가 발생했던 장소와 유사한 장소에 가게 된 경우에 부정적 감정 상태에 휩싸이게 된다. 이러한 감정을 경험하고 나면 이후부터는 이와 비슷한 부정적인 감정을 다시 경험하는 것을 회피하고자 한다. 따라서 범죄 피해자는 범죄 피해와 관련성이 있는, 즉 외상 사건을 연상시키는 사람이나 상황을 회피하게 된다. 이러한 회피 빈도는 점차 증가하게 된다. 피해자가 유사한 자극을 두려워하지 않는 방법을 학습하지 못했기 때문에 PTSD를 유발한 자극을 지속적으로 회피하게 되어, PTSD가 발생한 범죄 피해자들은 범죄 피해 사건 이후 상당한 시간이 지났어도 주로 집 안에서만 지내고, 다시 일상생활로 복귀 및 적응하는데 어려움을 겪는다(Kilpatrick & Acierno, 2003).

02

범죄 피해자의 PTSD와 기억

PTSD의 증상은 크게 다음의 네 가지로 볼 수 있다. 즉, ① 트라우마 사건의 심리적 재경험(Reexperiencing), ② 지속적인 회피적 상태(Persistent Avoidance), ③ 인지와 기분의 부정적 변화(Negative Alterations in Cognitions and Mood), ④ 지속적인 불안 및 정서적 각성 상태(Hyperarousal)이다(Black & Grant, 2014). 이 증상 중, 트라우마 사건의 심리적 재경험 증상은 트라우마 사건에 대한 기억을 떨쳐버리지 못하고 자신의 의지에 반하여 관련된 생각이 계속 다시 떠오르는 것이다. 특히 범죄 피해로 인해 PTSD를 경험하는 경우, 어떤 피해자들은 그 범죄를 반복적으로 자신들의 상상 속에서 '재생'시킨다. PTSD를 경험하는 범죄 피해자들은 그 범죄 사건의 아주 세세하고 구체적인 사항에 대하여 끊임없이 재검토하며 이에 대해 반복적으로 이야기하고 싶어 하기도 한다(National Organization for Victim Assistance, 2001).

그런데 이와 같은 반복적이고 침투적인 기억과 정반대로 보이는 또 다른 PTSD의 증상이 기억의 손상이다. 기억의 손상은 일반적으로 PTSD의 핵심적인 증상 중하나이다. 기억의 손상은 앞서 제시한 PTSD 증상 중, 세 번째인 '인지와 기분의 부정적 변화'와 관련 있다. 기억 손상에는 트라우마 경험과 관련 없는 기억의 손상과, 트라우마 경험의 특성, 요소에 대한 기억 손상이 모두 동반될 수 있다(Jenkins, Langlais, Delis, & Cohen, 1998). 기억 손상으로 인해 PTSD를 경험하는 범죄 피해자는 외상 사건의 중요한 측면을 기억하기 어려울 수 있다(Black & Grant, 2014). 기억의 어려움을 겪는 이유가 두부(頭部) 손상이나 약물, 알코올 남용 등의 다른 이유가 아닌 해리성 기억상실(Dissociative Amnesia) 때문에 나타난다(Black & Grant, 2014). 또한 외상 사건, 즉 범죄 피해가 발생한 원인에 대하여 지속적으로 왜곡된

인지를 가지게 되며, 이러한 경험이 자신의 잘못 때문이라는 잘못된 생각을 갖게 될 수 있다(Black & Grant, 2014).

범죄의 피해자가 범죄자의 공격의 특정한 측면을 망각하는 것은 매우 일반적으로 나타나는 현상이다. 스트레스 하에서 피해자들은 자신이 무엇을 하고 있는지 의식하지도 못하는 사이에 무언가 행동을 하고 이를 기억하지 못하는 것이다. 만약 사랑하는 사람이 범죄 피해로 인해 상해를 입거나 사망한 경우 배우자나 부모가 환자 또는 희생자를 차에 싣고 병원까지 운전해서 간 것을 후에 기억 못하는 일은 매우 일반적으로 나타난다(NOVA, 2001).

역설적이게도 범죄피해로 인한 PTSD 환자들은 범죄 피해 사건의 특정한 측면과 관련된 기억은 예외적일 정도로 명확하고 생생하게 기억한다. 실제로 범죄 피해로 인해 심각한 PTSD 증상을 겪고 있는 피해자들과 통제 집단을 비교한 한 실험에 의하면, 범죄 피해로 인한 PTSD 환자들이 긍정적 단어보다 외상 사건과 관련된 단어를 더 잘 기억한다는 것이 보고되기도 한다(Pauvonic, Lundh, & Öst, 2002). 그러나 전체적인 기억이 안정적으로 구조화되지 않으며, 사건의 핵심적인 측면들을 기억하지 못한다. 많은 연구가 이처럼 사건 관련 기억이 구조화되지 않은 정도는 PTSD의 증상의 강도와 정적 상관이 있음을 보고하기도 하였다(예, Gray & Lombardo, 2001; Murray, Ehlers, Mayou, 2002).

Jenkins와 Acierno(2003)는 실험 연구를 통해 범죄 피해로 인해 PTSD를 경험하는 피해자들의 기억에 대하여 조사해 보았다. 성폭력 피해 여성 중 PTSD를 겪고 있는 참가자 15명, PTSD 증상이 없는 성폭력 피해 여성, 그리고 성폭력 피해를 입지 않고 PTSD 증상도 없는 여성들(통제 집단) 16명을 대상으로 하여 회상능력을 측정했다. 그 결과, PTSD 증상을 가지고 있는 성폭력 피해 여성들이 나머지 두 집단의 여성들(PTSD 증상이 없는 성폭력 피해 여성, 성폭력 피해를 입지 않은 통제 집단의 여성)보다 자유회상 능력, 학습 효율성, 단기(3분) 회상 및 장기(20분) 회상 능력, 인식 기억 등 기억의 전반적 측면에서 부정적인 성과를 보였다. 이 연구의 결과는 비슷한 범죄 피해 경험이 있다 할지라도 이로 인하여 PTSD 증상이 발현된 경우에는 사건에 대한 회상 능력이 그렇지 않은 사람들에 비해 더 현저하게 떨어질 수 있음을 시사한다. 또 다른 연구에서는 아동기 때 성범죄를 당한 여성들의 어휘 서술 기억(verbal declarative memory) 능력을 알아보았다(Bremner, Vermetten, Afzal, & Vythilingam, 2004). 이 연구에서도 동일한 패턴이 나타났다. 성적 학대 경험이 있고 이로 인한 PTSD 증상을 겪고 있는 여성들이 성적 학대 경험이 있으나 PTSD 증상이 없는 여성들 및 성적 학대 경험이 없는 여성들보다 사건에 대하여 언어적으로 기억하고 회상하는 능력이 낮은 것을 알 수 있다.

PTSD 증상을 가진 범죄 피해자의 기억 손실이 문제가 될 수 있는 이유는 그들이 범죄 피해와 관련된 핵심적인 사항에 대한 정보를 회상하는데 어려움을 겪기 때문이다. 즉, 가해자를 기소하고 처벌하기 위해 꼭 필요한 정보들을 피해자들이 제공하지 못하게 되는 것이다. 이러한 현상도 실제로 연구 결과를 통해 보고되었다. Halligan과 동료들(2003)은 최소 3개월 이전에 신체적 공격 또는 성적 공격을 당한 18세에서 75세 사이의 남녀 범죄 피해자 81명을 대상으로 PTSD와 기억에 관련된 연구를 실시하였다. 연구 결과, 신체적 공격을 당한 피해자 중, PTSD 증상을 보이는 참가자들과 PTSD에서 회복된 참가자들이 PTSD가 발병되지 않은 참가자들보다 공격, 즉 트라우마 사건과 관련된 기억 회상에 더 많은 어려움을 겪는 것으로 나타났다.

앞서 논의한 바와 같이 범죄 피해자, 그중에서도 강력 범죄의 피해자 중, 많은 사람이 범죄 피해 경험으로 인해 PTSD를 경험할 수 있다. 그리고 이로 인해 범죄 피해 경험과 관련된 중요한 사항들을 기억하지 못하거나 회상하지 못하게 되는 문제가 발생할 수 있다. 따라서 진술조력인은 이와 같은 범죄 피해자들의 특성을 고려하여, 증인 조사 면담 시 피해자들과 조사 담당자에게 도움을 주어야 한다. 즉, 트라우마에 대한 고통을 가중시키지 않으면서도 사건과 관련된 중요한 사실들을 정확하게 회상해낼 수 있도록 도와주는 면담 및 질문 기법에 대하여 잘 이해할 필요성이 있다.

참고문헌

[국내문헌]

김재민·임낭연 (2015). 범죄피해 조사론. 일청기획: 경산시.

김정혜 (2012). 성폭력 범죄 피해 아동·장애인에 대한 진술조력인 제도 연구. 법무부연구용역 보고서.

박종선 (2013). 진술조력인 제도의 시행과 향후 과제, 경희법학, 경희대학교 경희법학연구소, 48(4), 393－424.

법무부 (2013a). 진술조력인 양성교육 프로그램 개발. 2013년도 법무부 연구용역 과제 보고서.

법무부 (2013b). 진술조력인 역할모델 정립. 2013년도 법무부 연구용역 과제 보고서.

[외국문헌]

Antonuccio, D. O., Danton, W. G., DeNelsky, G. Y., Greenberg, R., & Gordon, J. S. (1999). Raising questions about antidepressants. Psychotherapy and Psychosomatics, 68(1), 3－14.

Akbas, S., Turia, A., Karabekirolgu, K., Pazvantoglu O, Kekskin T, Boke O. (2009). Characteristics of sexual abuse in a sample of Turkish children with and without mental retardation, referred for legal appraisal of the psychological repercussions. Sexuality and Disability, 27, 205－213.

Bekink, M. (2016). The protection of child victims and witnesses in a post－constitutional criminal justice system with specific reference to the role of an intermediary: A comparative study (Doctoral dissertation). University of South Africa, Johannesburg, South Africa.

Berliner, L., Hyman, I., Thomas, A., & Fitzgerald, M. (2003). Children's memory for trauma and positive experiences. Journal of Traumatic stress, 16(3), 229－236.

Black, D. W., & Grant, J. E. (2014). Dsm−5® guidebook: The essential companion to the diagnostic and statistical manual of mental disorders, fifth edition. Retrieved from http://ebookcentral.proquest.com.

Briggs F. (2006). Safety Issues in the Lives of Children with Learning Disabilities. Social Policy Journal of New Zealand, 29, 43-59.

Bruck, M., & Ceci, S. J. (1999). The suggestibility of children's memory. Annual Review of Psychology, 50, 419−439.

Buckley, T., Blanchard, E., & Neill, W. (2000). Information processing and PTSD: A review of the empirical literature. Clinical Psychology Review, 20(8), 1041-1065.

Burton, M., Evans, R., & Sanders, A. (2007). Vulnerable and intimidated witnesses and the adversarial process in England and Wales. International Journal of Evidence and Proof, 11(1), 1-23.

Charron, T., Floren, R., Long, J., & LaBahn, D. (2007). Introducing expert testimony to explain victim behavior in sexual and domestic violence prosecution. Alexandria, VA: American Prosecutors Research Institute.

Child Advocacy Center (2015a). Forensic interviews. Retrieved Dec. 2, 2015 from website http://www.smallvoices.org/what_we_do/forensic_interviews.html.

Cooke, P., & Standen, P. (2002). Abuse and disabled children: Hidden needs? Child Abuse Review, 11, 1-18.

Coughlan, F., & Jarman, R. (2002). Can the intermediary system work for child victims of sexual abuse? Families in Society. Journal of Contemporary Social Services, 83(5), 541−546.

Gudjonsson, G. H. (2003). The psychology of interrogations and confessions: A handbook. Chichester: John Wiley & Sons Ltd.

Hershkowitz, I., Lamb, M., Horowitz, D. (2007). Victimization of Children with Disabilities. American Journal of Orthopsychiatry, 77, 629-635.

Horner−Johnson, W., & Drum, C. (2006). Prevalence of maltreatment of people with intellectual disabilities: A review of recently published research. Mental Retardation and Developmental Disabilities Research Reviews, 12(1), 57-69.

Jaudes, P., & Mackey−Bilaver, L. (2008). Do chronic conditions increase young children's risk of being maltreated? Child Abuse and Neglect, 32, 671-681.

Johnson, C. (2004). Child Sexual Abuse. Lancet, 364, 62−470.

Jonker, G., & Swanson, R. (2007). Intermediary services for child witnesses testifying in South African Criminal Courts. SUR International Journal of Human Rights, 3.

Kapitanoff, S., Lutzker, J., & Bigelow, K. (2000). Cultural issues in the relation between child disabilities and child abuse. Aggression and Violent Behavior, 5, 227-244.

Kellogg, N. (2005). The evaluation of sexual abuse in children. American Academy of Pediatrics, 116(2), 506-512.

Kendall-Tackett, K., Williams, L., & Finkelhor, D. (1993) Impact of sexual abuse on children: A review and synthesis of recent empirical studies. Psychological Bulletin, 113, 164-180.

Kvam, M. (2000). Is sexual abuse of children with disabilities disclosed? A retrospective analysis of child disability and the likelihood of sexual abuse among those attending Norwegian hospitals. Child Abuse and Neglect, 24, 1073-1084.

Kvam, M. (2004). Sexual abuse of deaf children. A retrospective analysis of the prevalence and characteristics of childhood sexual abuse among deaf adults in Norway. Child Abuse and Neglect, 28, 241-251.

Levush, R. (2017). Israel: Protection of Children in Criminal Investigations and Trials. Retrieved Feb. 12, 2017 from website http://www.loc.gov/law/foreign-news/article/israel-protection-of-children-in-criminal-investigations-and-trials/

Ligthfoot, E., Hill, K., & LaLiberte, T. (2011). Prevalence of children with disabilities in the child welfare system and out of home placement: an examination of administrative records. Children and Youth Services Review, 33, 2069-2075.

Lin, L., Yen, C., Kuo, Y., Wu, J., & Lin, J. (2009). Sexual assault of people with disabilities: Results of a 2002-2007 national report in Taiwan. Research in Developmental Disabilities, 30, 969-975.

Loftus, E., & Pickrell, J. (1995). The formation of false memories. Psychiatric Annals, 25, 720-725.

Lyon, T. D. (2002). Applying suggestibility research to the real world: The case of repeated questions. Law and Contemporary Problems, 65, 97-126.

Malhotra, S., & Biswas, P. (2006). Behavioral and psychological assessment of child sexual abuse in clinical practice. International Journal of Behavioral Consultation and Therapy, 2(1), 17-28.

McCabe, M., Cummins, R., & Reid, S. (1994). An empirical study of the sexual abuse of people with intellectual disability. Sexuality and Disability, 12, 297-306.

McGuire, B., & Bayley, A. (2011). Relationships, sexuality and decision-making capacity in people with an intellectual disability. Current Opinion in Psychiatry, 24, 398-402.

McLeer, S., Deblinger, E., Henry, D. & Orvaschel, H. (1992). Sexually abused children at high risk for post- traumatic stress disorder. Journal of the American Academy of Child and Adolescent Psychiatry, 31, 875-879.

Ministry of Justice (2015). The registered intermediary procedural guidance manual. Ministry of Justice.

Margan, K. M. (1994). How to interview sexual abuse victims: Including the use of anatomical dolls. Sage Publications.

Müller, K. (2002). A question of confusion: cross-examination and the child witness. In K. Müller, The judicial officer and the child witness, © Berne Convention (p. 170).

Muram, D. (1989). Child sexual abuse: Relationship between sexual acts and genital findings. Child Abuse Neglect, 13, 211-216.

Murphy, G. & O'Callaghan, A. (2004). Capacity of adults with intellectual disabilities to consent to sexual relationships. Psychological Medicine, 34(7), 1347-1357.

O'Donohue, W. T., & Draper, C. (2011). Stepped care and e-health: Practical applications to behavioral disorders. New York, NY: Springer.

O'Donohue, W. T., & Fisher, J .E. (2008). Cognitive behavior therapy: Applying empirically supported techniques in your practice (2nd ed.). Hoboken, NJ: Wiley.

O'Donohue, W. T., & Fisher, J .E. (2009). Genral principles and empirically supported techniques of cognitive behavior therapy. Hoboken, NJ: Wiley.

O'Mahony, B. M. (2010). The emerging role of the Registered Intermediary with the vulnerable witness and offender: Facilitating communication with the police and members of the judiciary. British Journal of Learning Disabilities, 38(3), 232-237.

O'Mahony, B. M., Smith, K., & Milne, B. (2011). The early identification of vulnerable witnesses prior to an investigative interview. British Journal of Forensic Practice, 13(2), 114-123.

Peters, D. (2001). Examining Child Sexual Abuse evaluations: the types of information affecting expert judgment. Child Abuse and Neglect, 25, 149-178.

Plotnikoff, J., & Woolfson, R. (2015). Intermediaries in the criminal justice system: Improving communication for vulnerable witnesses and defendants. Bristol, UK: Policy Press.

Poole, D., & Dickinson, J. (2011). Evidence supporting restrctions on uses of body diagrams in forensic interviews. Child Abuse and Neglecct, 35, 659-669.

Raskin, D., & Esplin, P. (1991) Assessment of children's statement of abuse. In J. Doris (Ed.) The suggestibility of children's recollections (pp. 153-164), Washington, DC: American Psychological Association.

Reiter, S., Bryan, D., & Shachar, I. (2007). Adolescents with intellectual disabilities as victims of abuse. Journal of Intellectual Disabilities, 11, 371-387.

Ryan, J. P., Marshall, J. M., Herz, D. & Hernandez, P. (2008). Juvenile delinquency in child welfare: investigating group home effects. Children and Youth Services Review, 30, 1088-1099.

Sarah, B., & Ofra, S. (2005). Rape perceptions, gender role attitudes, and victim—perpetrator acquaintance, Sex Roles, 53(5), 385-399.

Schaafsma, D., Stoffelen, J., Kok G. & Curfs L. (2013). Exploring the development of existing sex education programmes for people with intellectual disabilities: an intervention mapping approach. Journal of Applied Research in Intellectual Disabilities, 26, 157-166.

Sharp, H. (2001). Steps towards justice for people with learning disabilities as victims of crime: The important role of the police. British Journal of Learning Disabilities, 29(3), 88-92.

Sobsey, D., Randall, W., & Parrila, R. K. (1997). Gender differences in abused children with and without disabilities. Child Abuse and Neglect, 21(8), 707-720.

Soylu, N., Alpaslan, A., Ayaz, M., Esenyel, S., & Oruc, M. (2013). Psychiatric disorders and characteristics of abuse in sexually abused children and adolescents with and without intellectual disabilities. Research in Developmental Disabilities, 34, 4334-4342.

Soylu, N., Pilan, B., Ayaz, M., & Sonmez, S. (2012). Study of factors affecting mental health in sexually abused children and adolescent. Anatolian Journal of Psychiatry, 13(4), 292-298.

Spencer, N., Devereux, E., Wallace, A., Sundrum, R., Shenoy, M., Bacchus, C., et al. (2005). Disabling conditions and registration for child abuse and neglect: A population-based study. Pediatrics, 116(3), 609-613.

Spencer, J. R., & Lamb, M. E. (2012). Children and cross-examination: Time to change the rules? Oxford, UK: Hart Publishing.

Stalker, K., & McArthur, K. (2012). Child abuse, child protection and disabled children: A review of recent research. Child Abuse Review, 21, 24-40.

Sullivan, P., & Knutson, J. (2000). Maltreatment and disabilities: A population based epidemiological study. Child Abuse and Neglect, 24, 1257-1273.

The Registered Intermediary Procedural Guidance Manual (2015). London: Ministry of Justice.

Thompson, W. C., Clarke-Stewart, A., & Lepore, S. J. (1997). What did the janitor do? Suggestive interviewing and the accuracy of children's accounts. Law and Human Behavior, 21(4), 405-426.

Valentino, K., Cicchetti, D., Rogosch, F. A., & Toth, S. L. (2008). True and false recall and dissociation among maltreated children: The role of self-schema. Development and Psychopathology, 20(01), 213-232.

Van IJzendoorn, M., Palacios, J., Sonuga−Barke, E., Gunnar, M., Vorria, Y., McCall, R., Le Mare, L., Bakermans−Kranenburg, M., Dobrova−Krol, N., & Juffer, F. (2011). Children in institutional care: Delayed development and resilience. Monographs of the Society for Research of Child Development, 76, 8-30.

Verdugo, M., Bermejo, B., & Fuertes, J. (1995). The maltreatment of intellectually handicapped children and adolescents. Child Abuse and Neglect, 19, 205-215.

Willis, B. & Levy, B. (2002) Child Prostitution: global health burden, research needs and interventions. Lancet, 359, 1417−1422.

Wolfe, V. (2006). Child sexual abuse. In E. Mash & R. Barkley (Eds.), Treatment of childhood disorders (pp. 647−727). New York: Guilford Press.

Wood, J. M., & Garven, S. (2000). How sexual abuse interviews go astray: Implications for prosecutors, police and child protection services. Child Maltreatment, 5(2), 109−118.

부 록

1. 대표 지원기관 및 단체 현황

1-1. 여성부 지원 해바라기아동센터

여성부에서 국·공립 혹은 대학병원에 위탁하여 운영하는 아동성폭력 전담 지원 센터로, 성폭력피해 아동을 위한 의료, 법률, 및 사회적 지원을 원스톱으로 제공한다. 특징은 정신과 전문의와 임상심리전문가 등 치료전문 인력이 배치되어 있다는 점이다.

센터명	소재지	전화번호	web 주소
서울해바라기센터 (아동·청소년)	서울 마포구 백범로 23 연세의료원	02-3274-1375	www.child1375.or.kr
대구해바라기센터 (아동·청소년)	대구 중구 동덕로 125 경북대병원	053-421-1375	www.csart.or.kr
인천해바라기센터 (아동·청소년)	인천 남동구 남동대로 769 가천대길병원	032-423-1375	www.sunflowericn.or.kr
광주해바라기센터 (아동·청소년)	광주 동구 제봉로 57 전남대병원	062-232-1375	www.forchild.or.kr
경기해바라기센터 (아동·청소년)	경기 성남시 분당구 판교로 471 분당차병원	031-708-1375	www.sunflower1375.or.kr
충북해바라기센터 (아동·청소년)	충북 충주시 봉현로 222 건국대충주병원	043-857-1375	www.1375.or.kr
전북해바라기센터 (아동·청소년)	북전주시 덕진구 백제대로 751 전북대병원 사학연금관리공단	063-246-1375	www.jbsunflower.or.kr

센터명	소재지	전화번호	web 주소
경남해바라기센터 (아동·청소년)	경남 진주시 강남로 79 경상대학교병원 본관	055-754-1375	www.savechild.or.kr

1-2. 여성부 지원 해바라기센터 (원스톱 지원센터)

여성부에서 국·공립 혹은 대학병원에 위탁하여 운영하는 성폭력 전담 지원센터로, 성폭력피해 대상을 위한 의료, 법률, 및 사회적 지원을 원스톱으로 제공한다. 특징은 정신과 전문의와 임상심리전문가 등 치료전문 인력이 배치되어 있다는 점이다.

센터명	소재지	전화번호	web 주소
서울동부해바라기센터 (위기지원)	서울 송파구 송이로 123 경찰병원 1층	02-3400-1700	www.smonestop.or.kr
서울남부해바라기센터 (위기지원)	서울 동작구 보라매로 5길 20 보라매병원	02-870-1700	www.smsonestop.or.kr
서울해바라기센터 (통합)	서울 종로구 대학로 101 서울대학교병원	02-3672-0365	www.help0365.or.kr
부산동부해바라기센터 (위기지원)	부산 연제구 월드컵대로 359 부산의료원	051-501-9117	www.bsonestop.or.kr
부산서부해바라기센터 (통합)	부산 서구 대신공원로 26 동아대학교병원	051-244-1375	www.bswomannchild.or.kr
대구해바라기센터 (위기지원)	대구 서구 평리로 157 대구의료원	053-556-8117	www.csart.or.kr
인천동부해바라기센터 (위기지원)	인천 동구 방축로 217 인천의료원	032-582-1170	www.iconestop.or.kr
인천북부해바라기센터 (위기지원)	인천 부평구 동수로 56 가톨릭대학교 인천성모병원	032-280-5678	www.icnonestop.or.kr
광주해바라기센터 (위기지원)	광주 동구 필문대로 365 조선대학교병원	062-225-3117	www.gjonestop.or.kr
대전해바라기센터 (통합)	대전 중구 문화로 282 충남대학교병원	042-280-8436	www.djsunflower.or.kr
울산해바라기센터 (통합)	울산 남구 월평로 171번길 13 울산병원	052-265-1375	www.ussunflower.or.kr

센터명	소재지	전화번호	web 주소
경기북동부해바라기센터 (위기지원)	경기 의정부시 흥선로 142 의정부의료원	031-874-3117	www.ggnonestop.or.kr
경기서부해바라기센터 (위기지원)	경기 안산시 단원구 선부광장1로 182 한도병원	031-364-8117	www.ggwsunflower.or.kr
경기남부해바라기센터 (통합/거점)	경기 수원시 영통구 월드컵로 185 아주대병원	031-217-9117	www.ggsunflower.or.kr
경기북서부해바라기센터 (통합)	경기 고양시 덕양구 화정로 65-1 명지병원	031-816-1375	www.gnwsunflower.or.kr
강원서부해바라기센터 (통합)	강원 춘천시 백령로 156 강원대학교병원	033-252-1375	www.gwsunflower.or.kr
강원동부해바라기센터 (통합)	강원 강릉시 강릉대로 419번길 42 강릉동인병원 별관	033-652-9843	www.sunflower6447.or.kr
충북해바라기센터 (위기지원)	충북 청주시 서원구 흥덕로 48 청주의료원	043-272-7117	www.cbonestop.or.kr
충남해바라기센터 (위기지원)	충남 천안시 동남구 망향로 201 단국대학교병원	041-567-7117	www.cnonestop.or.kr
전북해바라기센터 (위기지원)	전북 전주시 덕진구 건지로 20 전북대학교 병원 응급의료센터	063-278-0117	www.jb-onestop.or.kr
전남동부해바라기센터 (위기지원)	전남 순천시 순광로 221 순천성가롤로병원 별관	061-727-0117	www.jnonestop.or.kr
전남서부해바라기센터 (통합)	전남 목포시 영산로 623 목포중앙병원 별관	061-285-1375	www.jnsunflower.or.kr
경북북부해바라기센터 (위기지원)	경북 안동시 태사2길 55 안동의료원	054-843-1117	www.gbonestop.or.kr
경북동부해바라기센터 (통합)	경북 포항시 북구 대신로 43 선린병원	054-245-5933	www.gbsunflower.or.kr
경남해바라기센터 (위기지원)	경남 창원시 마산합포구 3.15대로 231 마산의료원 별관	055-245-8117	www.gnonestop.or.kr
제주해바라기센터 (통합)	제주 제주시 도령로 39 한라병원	064-748-5117	www.jjonestop.or.kr

1-3. 범죄 피해자 지원센터

범죄 피해자를 위한 상담, 법률, 의료, 및 경제적 지원 서비스를 제공하는 곳
으로 법무부 경찰청산하 사회법인이다.

센터명	소재지	전화번호	web 주소
청주 범죄피해자지원센터	청주지방검찰청 208호	043-288-0141	
서울남부 범죄피해자지원센터	서울남부지방검찰청 613호	02-2645-1301	www.ssvc.or.kr
서울동부 범죄피해자지원센터	서울동부지방검찰청 신관 144호	02-455-4954	www.scvc.or.kr
서울북부 범죄피해자지원센터	서울북부지방검찰청 217호	02-3296-4995	www.snvc.or.kr
서울서부 범죄피해자지원센터	서울서부지방검찰청 별관102호	02-3270-4504	
한국범죄 피해자지원중앙센터	서울중앙지방검찰청 B111호	02-534-4901	www.kcvc.net
경기북부 범죄피해자지원센터	의정부지방검찰청 제1신관 243호	031-820-4678	www.kncvc.or.kr
고양 · 파주지역 범죄피해자지원센터	경기도 고양시 일산동구 장백로213 고양지청 712호	031-932-8291	www.gpcvc.or.kr
부천 · 김포 범죄피해자지원센터	인천지방검찰청 부천지청 411호	032-320-4671	www.bgvsc.or.kr
성남 · 광주 · 하남지역 범죄피해자지원센터	수원지방검찰청 성남지청 별관 152호	031-715-0090	www.skh0090.or.kr
수원지역 범죄피해자지원센터	수원지방검찰청 143호	031-210-4761	www.svsc.or.kr
안산 · 시흥 · 광명지역 범죄피해자지원센터	수원지방검찰청 안산지청 807호	031-475-3310	
평택 · 안성 범죄피해자지원센터	경기도 평택시 경기대로245 평택시도시공사 內 1층	031-656-2828	www.pavs.or.kr
안양 범죄피해자지원센터	수원지검 안양지청 106호	031-387-0050	www.aycvc.or.kr
여주 · 이천 · 양평지역 범죄피해자지원센터	수원지방검찰청 여주지청 101호	031-885-1188	

센터명	소재지	전화번호	web 주소
인천 범죄피해자지원센터	인천지방검찰청 1122호	032-860-4518	www.icvc.or.kr
강릉지역 범죄피해자지원센터	춘천지방검찰청 강릉지청 113호	033-641-4163	www.gnvc.or.kr
속초지역 범죄피해자지원센터	강원도 속초시 중앙로 209	033-638-1111	www.sokb.kr
영월지역 범죄피해자지원센터	강원도 영월군 영월읍 영흥8리 866-6	033-375-9119	www.ywvc.or.kr
원주 · 횡성 범죄피해자지원센터	춘천지방검찰청 원주지청 107호	033-742-3100	
춘천지역 범죄피해자지원센터	춘천지방검찰청 201호	033-244-0335	www.ccvc.or.kr
대전범죄 피해자지원센터	대전지방검찰청 209호	042-472-0082	www.djvc.kr
공주 · 청양 범죄피해자지원센터	충남 공주시 한적2길 34-13 공주지청 102호	041-856-2828	www.gccv.or.kr
논산 · 부여 · 계룡 범죄피해자지원센터	대전지방검찰청 논산지청 207호	041-745-2030	
서산지역 범죄피해자지원센터	대전지방검찰청 서산지청 312호	041-660-4377	www.sccv.kr
천안 · 아산 범죄피해자지원센터	충남 천안시 동남구 신부 7길 17길 천안지청 본관 1층	041-556-9494(천안) 041-533-6090(아산)	www.cacvc.or.kr
홍성지역 범죄피해자지원센터	대전지방검찰청 홍성지청 318호	041-631-4915	www.cnvc.or.kr
영동 · 옥천 범죄피해자지원센터	청주지방검찰청 영동지청 107호	043-740-4579	www.yocvc.or.kr
제천 · 단양 범죄피해자지원센터	충북 제천시 중앙로2가 68-4 오화빌딩 2층	043-643-1295	www.jdvc.or.kr
충주 · 음성 범죄피해자지원센터	청주지방검찰청 충주지청 108호	043-856-2526	
대구 · 경북 범죄피해자지원센터	대구지방검찰청 2315호	053-740-4440	www.dgvc.or.kr
경북북부 범죄피해자지원센터	대구지방검찰청 안동지청 205호	054-854-7600	www.acvc.or.kr
경주 범죄피해자지원센터	경북 경주시 백율로 65-4 맑은물사업소 3층	054-773-4595	www.gjvc.or.kr

센터명	소재지	전화번호	web 주소
김천 · 구미지역 범죄피해자지원센터	경북 김천시 남산동 49-15 2층/경북 구미시 공단동 256-18번지 구미시시민복지회관 2층	054-430-9091(김천) 054-462-9091(구미)	www.victim.or.kr
대구서부 범죄피해자지원센터	대구광역시 달서구 용산동 612-1루이스타 404호	053-573-7400	www.dsvc.or.kr
상주 · 문경 · 예천 범죄피해자지원센터	대구지방검찰청 상주지청 109호	054-533-6047	www.smyvc.or.kr
영덕 · 울진 · 영양 범죄피해자지원센터	대구지방검찰청 영덕지청 112호	054-730-4679	www.yuyvc.or.kr
의성 · 군위 · 청송 범죄피해자지원센터	대구지방검찰청 의성지청 208호	054-830-4548	
포항범죄피해자 지원센터 "희망지기"	대구지방검찰청 포항지청 213호	054-276-8112	www.phvc.org
부산동부 범죄피해자지원센터	부산지방검찰청 부산동부지청 417호	051-781-1144	
부산범죄피해자 지원센터 "햇살"	부산지방검찰청 117호	051-558-8893	www.bcvc.or.kr
울산 범죄피해자지원센터	울산광역시 남구 법대로8번길32/ 경남 양산시 북부동 533 양산종합운동장 156호	052-265-9004(울산) 055-366-9011(양산)	www.ucvc.or.kr
거창 · 합천 · 함양 범죄피해자지원센터	창원지방검찰청 거창지청 별관	055-945-2325	www.gccvsc.or.kr
경남 범죄피해자지원센터	창원지방검찰청 103호	055-286-8286	www.gncvc.or.kr
마산 · 함안 · 의령 범죄피해자지원센터	창원지방검찰청 마산지청 201호	055-242-6688	www.mhu.or.kr
밀양 · 창녕 범죄피해자지원센터	창원지방검찰청 밀양지청 212호	055-356-8272	
진주지역 범죄피해자지원센터	창원지방검찰청 진주지청 별관3층	055-748-1301	www.jcvc.or.kr
통영 · 거제 · 고성 범죄피해자지원센터	창원지방검찰청 통영지청 102호	055-648-6210	www.tcvc.or.kr
광주 범죄피해자지원센터	광주지방검찰청 208호	062-231-4752	www.gjcvc.net

센터명	소재지	전화번호	web 주소
목포지역 범죄피해자지원센터	광주지방검찰청 목포지청 2층	061-279-1230	www.mpvc.or.kr
장흥 · 강진 범죄피해자지원센터	전남 장흥군 장흥읍 동부로 4	061-863-3636	
전남동부 범죄피해자지원센터	광주지방검찰청 순천지청 526호	061-722-2544	www.jnvc61.or.kr
해남 · 완도 · 진도 범죄피해자지원센터	광주지방검찰청 해남지청 별관 2층	061-537-1301	www.hwjvc.or.kr
군산 · 익산 범죄피해자지원센터	전주지방검찰청 군산지청 101호	063-452-3012	www.givc.or.kr
남원 · 순창 · 장수 범죄피해자지원센터	전주지방검찰청 남원지청 111호	063-634-2828	
전주지역 범죄피해자지원센터	전주지방검찰청 별관 134호	063-276-8804	www.jjvs.or.kr
정읍지역 범죄피해자지원센터	전주지방검찰청 정읍지청 412호	063-534-8295	www.juvs.or.kr
제주 범죄피해자지원센터	제주지방검찰청 206호	064-756-7004	www.jejucvc.org

1-4. 아동보호 전문기관

센터명	소재지	전화번호	web 주소
서울동남권 아동보호전문기관	서울특별시 송파구 송이로 32	02-474-1391	gangdong@gni.kr
서울강서 아동보호전문기관	서울특별시 강서구 양천로47가	02-3665-5183~5	www.goodneighbors.kr
서울은평 아동보호전문기관	서울특별시 은평구 은평로 210	02-3157-1391	www.goodneighbors.kr
서울영등포 아동보호전문기관	서울특별시 영등포구 대림로 2	02-842-0094	www.goodneighbors.kr
서울성북 아동보호전문기관	서울특별시 성북구 동소문로3	02-923-5440	www.goodneighbors.kr
서울마포 아동보호전문기관	서울특별시 마포구 신수로 46	02-422-1391	mapo.sc.or.kr
서울특별시 아동보호전문기관	서울특별시 강남구 광평로34길	02-2040-4242	child.seoul.go.kr

센터명	소재지	전화번호	web 주소
서울특별시 동부아동보호전문기관	서울특별시 동대문구 답십리로	02-2247-1391	www.dbnawoori.seoul.kr
부산서부 아동보호전문기관	부산광역시 북구 화명동 370-1	051-714-1391	adong.busan.go.kr
부산광역시 아동보호전문기관	부산광역시 서구 까치고개로 1	051-240-6300	adong.busan.go.kr
부산동부 아동보호전문기관	부산광역시 해운구 재반로 12	051-507-1391	www.bd1391.or.kr
대구광역시남부 아동보호전문기관	대구광역시 달서구 월배로 319	053-623-1391	daegu@gni.kr
대구광역시 아동보호전문기관	대구광역시 중구 태평로 302	053-422-1391	www.dg1391.or.kr
인천남부 아동보호전문기관	인천광역시 남동구 남동대로 9	032-424-1391	women-center.incheon.go.kr
인천광역시아동보호전문기관	인천광역시 남구 경원대로 899	032-434-1391	icchild.sc.or.kr
인천북부 아동보호전문기관	인천광역시 부평구 경인로 883	032-515-1391	www.goodneighbors.kr
광주광역시 아동보호전문기관	광주광역시 서구 내방로 216	062-385-1391	www.cyber1391.or.kr
대전광역시 아동보호전문기관	대전광역시 중구 어덕마을로 156	042-254-6790	www.goodneighbors.kr
울산광역시 아동보호전문기관	울산광역시 중구 성안3길 21	052-245-9382	www.ulsan.sc.or.kr
경기평택 아동보호전문기관	경기도 평택시 소사1길 33	031-652-1391	
경기시흥 아동보호전문기관	경기도 시흥시 비둘기공원7길 83	031-316-1391	goodneighbors.kr
경기용인 아동보호전문기관	경기도 용인시 기흥구 강남서로9 505호	031-275-6177	www.goodneighbors.kr
경기도 아동보호전문기관	경기도 수원시 장안구 팔달로225번길 20	031-245-2448	www.goodneighbors.kr
경기북부 아동보호전문기관	경기도 의정부시 신흥로 196 4층	031-874-9100	www.goodneighbors.kr
경기성남 아동보호전문기관	경기도 성남시 수정구 성남대로 1306 2층	031-756-1391	www.goodneighbors.kr

센터명	소재지	전화번호	web 주소
경기고양 아동보호전문기관	경기도 고양시 덕양구 중앙로557번길 11	031-966-1391	www.goodneighbors.kr
경기부천 아동보호전문기관	경기도 부천시 원미구 길주로279	032-662-2580	bucheon.sc.or.kr
경기화성 아동보호전문기관	경기도 화성시 봉담읍 삼천병마로 1334	031-227-1310	www.goodneighbors.kr
경기남양주 아동보호전문기관	경기도 남양주시 홍유릉로 248번길 39	031-592-9818	www.nyj1391.or.kr
안산시 아동보호전문기관	경기도 안산시 단원구 광덕4로 112	031-402-0442	ansan.sc.or.kr
강원도 아동보호전문기관	강원도 춘천시 성심로 47번길 35	033-244-1391	www.1391.org
강원동부 아동보호전문기관	강원도 강릉시 솔올로 5번길 33 2층	033-644-1391	www.kd1391.or.kr
원주시아동보호전문 기관	강원도 원주시 남원로469번길 7	033-766-1391	www.goodneighbors.kr
충북북부 아동보호전문기관	충청북도 제천시 의림대로 242	043- 645-9078	www.cchkorea.org
충북남부 아동보호전문기관	충청북도 옥천군 옥천읍 문정1길 19	043-731-3686	www.cbnb1391.org
충청북도 아동보호전문기관	충청북도 청주시 청원구 율봉로202번길 66-1	043-217-1391	www.goodneighbors.kr
충청남도서부 아동보호전문기관	충청남도 홍성군 홍북면 상하천로 50	041-635-1106	
충청남도아동보호전 문기관	충청남도 천안시 서북구 백석로 224	041-578-2655	www.goodneighbors.kr
충청남도남부 아동보호전문기관	충청남도 논산시 계백로 1062 2층	041-734-6640~1	www.goodneighbors.kr
전라북도 아동보호전문기관	전라북도 전주시 완산구 팔달로 77	063-283-1391	www.goodneighbors.kr
전라북도서부 아동보호전문기관	전라북도 익산시 인북로 112	063-852-1391	www.goodneighbors.kr
전라북도동부 아동보호전문기관	전라북도 남원시 시청로 41	63-635-1391~3	www.goodneighbors.kr
전남중부권 아동보호전문기관	전라남도 나주시 예향로 4073	061-332-1391	jnjb.goodneighbors.kr

센터명	소재지	전화번호	web 주소
전라남도 아동보호전문기관	전라남도 순천시 삼산로 92-5	061-753-5125	www.e1391.or.kr
전남서부권 아동보호전문기관	전라남도 목포시 영산로 635 3층	061-285-1391	www.goodneighbors.kr
경북남부 아동보호전문기관	경상북도 경주시 금성로395번길 24	054-745-1391	i1391.or.kr
경북북부 아동보호전문기관	경상북도 안동시 밤적골길 20	054-853-0237~8	www.ad1391.org
경북동부 아동보호전문기관	경상북도 포항시 남구 대이로25번길 12	054-284-1391	www.goodneighbors.kr
경북서부아동보호 전문기관	경상북도 구미시 송정대로 121-5 3층	054-455-1391	gumi1391.or.kr
김해시 아동보호전문기관	경상남도 김해시 김해대로 2385번길 8 2층	055-322-1391	www.gh1391.or.kr
경상남도 아동보호전문기관	경상남도 창원시 마산회원구 무학로 558	055-244-3931	www.kn1391.or.kr
경남서부 아동보호전문기관	경상남도 진주시 모덕로 181번길 6	055-757-1391	www.gnw1391.or.kr
제주특별자치도 아동보호전문기관	제주특별자치도 제주시 원노형로 59	064-712-1391~2	www.jj1391.or.kr
서귀포시 아동보호전문기관	제주특별자치도 서귀포시 일주동로 8731 2층	064-732-1391~2	www.sgp1391.org

1-5. 한국 성폭력 위기센터(성폭력 무료법률구조)

센터명	소재지	전화번호	web 주소
한국성폭력위기센터	서울특별시 강남구 남부순환도로 359길 31	02-883-9284	www.rape119.or.kr

1-6. 지역별 성폭력 상담기관 - 서울

센터명	소재지	전화번호	web 주소
꿈터성폭력상담소	서울특별시 서대문구 서소문로 45	02-6083-4971~2	

센터명	소재지	전화번호	web 주소
천주교성폭력상담소	서울 동작구 상도로15마길 8-13	02- 825-1272	
이레성폭력 상담소	서울 관악구 관천로 25	02-3281-1366	www.ilegreen.com
서초성폭력상담소	서울 서초구 서초대로27길 10-10	02-599-7606	
한국성폭력위기센터	서울 강남구 남부순환로351길 14	02-883-9284 5	www.rape119.or.kr
장애여성공감 부설 장애여성성폭력상담소	서울 강동구 올림픽로 664	02-3013-1399	
휴샘통합운영상담센터	서울특별시 강서구 강서로47나길 24	02-2664-1366	www.huesame.com
가족과 성건강 아동청소년상담소	서울특별시 구로구 오리로10길 20	070-8128-1366 02-2688-1366	
벧엘케어상담소	서울특별시 금천구 시흥대로 102	02-896-0408	www.bethelcare.net
꿈과희망상담센터	서울특별시 동작구 대림로 6	070-7503-1366	www.dnhope.or.kr
행복한생명 나무상담센터	서울특별시 동작구 국사봉10길 67	02-824-4007	www.life-tree.org
꿈누리 여성장애인상담소	서울특별시 중랑구 동일로129길 35	02-902-3356	
한국여성민우회 성폭력상담소	서울특별시 마포구 월드컵로26길 39	02-739-8858	fc.womenlink.or.kr
한사회장애인 성폭력상담센터	서울특별시 강서구 양천로 357	02-2658-1366	
한국여성의전화 성폭력상담소	서울특별시 은평구 진흥로16길 8-4	02-3156-5463	
탁틴내일 청소년성폭력상담소	서울시 서대문구 신촌로7길 18	02-338-8043	www.tacteen.net
(사)한국성폭력상담소	서울특별시 마포구 성지1길 32-42	02-338-2890~1	happylog.naver.com

1-7. 지역별 성폭력 상담기관 - 부산

센터명	소재지	전화번호	web 주소
(사)부산성폭력상담소	부산광역시 동래구 충렬대로 171	051-558-8833	
인구보건 복지협회부산지회 성폭력상담소	부산광역시 수영구 수영로 425 인구보건복지협회	051-624-5521	
(사)부산여성폭력 예방상담소	부산광역시 수영구 연수로 392	051-752-0871	www.women114.kr
기장열린성폭력상담소	부산광역시 기장군 기장읍 차성로 290	051-531-1366	dbusan.co.kr
부산장애인연대부설 성폭력상담소	부산광역시 동구 중앙대로196번길 12-3	051-583-7735	
(사)부산여성의전화 성가정폭력상담센터	부산광역시 부산진구 가야대로 476	051-817-4344	www.pwhl.or.kr
한국여성장애인연합 부설 부산여성 장애인성폭력상담소	부산광역시 동구 중앙대로196번길 12-3	051-583-7735	

1-8. 지역별 성폭력 상담기관 - 대구

센터명	소재지	전화번호	web 주소
대구여성의전화 부설 성폭력상담소	대구광역시 남구 이천로 31	053-471-6484	
대구여성장애인 통합상담소	대구광역시 달서구 와룡로5길 11	053-637-6057	www.ddaws2.or.kr
인구보건복지협회 대구 · 경북지회 부설 성폭력상담소	대구광역시 서구 평리4동 1368-1	053)566-1900	

1-9. 지역별 성폭력 상담기관 - 인천

센터명	소재지	전화번호	web 주소
(사)인천여성단체 협의회 부설 성폭력상담소	인천광역시 남구 경인로 345	032-865-1365	
한무리여성상담소	인천광역시 남구 제물량로4번길 29	032-885-5504	www.hanmoori.com
인구보건복지 협회 인천지회 성폭력상담소	인천광역시 남동구 용천로 142	032-451-4094	cafe.daum.net/isvrc
(사)미래성폭력상담소	인천광역시 서구 승학로 452	032-564-0200	
(사)인천장애인지적협회 장애인 성폭력상담소	인천광역시 남동구 용천로 208	032-424-1366	
오내친구 장애인성폭력상담소	인천광역시 부평구 부평대로 137-10	032-506-5479	

1-10. 지역별 성폭력 상담기관 - 광주

센터명	소재지	전화번호	web 주소
광주여성의전화 성폭력상담소	광주광역시 서구 상무대로 1077	062-363-0487	
참터성폭력상담소	광주광역시 서구 내방로 348	062-368-5119	
광주중앙 성폭력상담센터	광주광역시 광산구 신가삼효로 2-6	062-381-1087	
어등성폭력상담소	광주광역시 광산구 우산로95번길 80	062-942-6004	
참사랑성폭력상담소	광주광역시 광산구 신창로86번길 7-17	062-954-4236	
작은새 성폭력 상담센터	광주광역시 광산구 목련로219번길 45	062-956-0691	
한아름성폭력상담소	광주광역시 광산구 어등대로653번길 33	062-941-1359	
광주여성장애인 성폭력상담소	광주광역시 남구 천변좌로32번길 8	062-654-1366	gjwo1366.com

센터명	소재지	전화번호	web 주소
광주여성민우회 성폭력상담소	광주광역시 북구 금재로36번길 47-10	062-521-1360	www.gjw.or.kr/gjwo menlink

1-11. 지역별 성폭력 상담기관 - 대전

센터명	소재지	전화번호	web 주소
대전 YWCA성폭력상담소	대전광역시 중구 대흥로 128	042-254-3038	
대전 성폭력상담소	대전광역시 중구 오류로 98	042-712-1367~9	
(사)대덕사랑아픔치 유상담소	대전시 대덕구 송촌동 560-2	042-631-1004	
대전여성 장애인성폭력상담소	대전광역시 서구 월평서로 9	042-223-8866	

1-12. 지역별 성폭력 상담기관 - 울산

센터명	소재지	전화번호	web 주소
생명의전화 울산지부 부설가정 성폭력상담소	울산광역시 남구 문수로 313	052-265-5570	www.ulsanlifeline.or.kr
(사)울산장애인인권 복지협회부설 울산 장애인성폭력상담센터	울산광역시 울주군 범서읍 천상중앙길 104	052-246-1368	

1-13. 지역별 성폭력 상담기관 - 수원

센터명	소재지	전화번호	web 주소
수원여성의전화 부설 통합상담소	경기도 수원시 팔달구 향교로 161	031-232-7795	
수원탁틴내일상담소	경기도 수원시 장안구 경수대로 862	031-251-1516	cafe.daum.net/suwont acteen

1-14. 지역별 성폭력 상담기관 - 경기

센터명	소재지	전화번호	web 주소
새남심리상담연구원부설성폭력상담소	경기도 안양시 동안구 관악대로275번길 65-1	031-381-8540	
연천행복뜰상담소	경기도 연천군 청산면 학담로 131	031-832-1315	cafe.daum.net/happysangdam
정다운 가족 상담센터	경기도 안산시 단원구 광덕4로 246	031-439-1366	
부천여성의전화 부설성폭력상담소	경기도 부천시 원미구 중동로248번길 86	032-328-9713	
(사)한국여성지도자연합기도부천지회 부설새부천성폭력상담소	경기도 부천시 원미구 길주로 272	032-612-1191	www.yhotline.com
용인성폭력상담소	경기도 용인시 기흥구 갈곡로8번길 11	032-281-1366	www.yhotline.com
부천 청소년성폭력상담소	경기도 부천시 소사구 성주로 149	032-655-1366	
안산YWCA 여성과성상담소	경기도 안산시 단원구 광덕서로 66	031-413-9414	www.anycounsel.or.kr
가톨릭여성상담소	경기도 안산시 상록구 한양대학1길 60	031-415-0117	www.helpwoman.co.kr
안양여성의전화부설성폭력상담소	경기도 안양시 동안구 관악대로 76	031-442-5385	anyanghotline.or.kr
새남성폭력상담소	경기도 안양시 동안구 관악대로275번길 65-1	031-381-8540	
평택성폭력상담소	경기도 평택시 평택1로 23-1	031-618-1366	
군포여성민우회 성폭력상담소	경기도 군포시 산본로323번길 20-33	031-396-0236	
광명YWCA 부설성폭력상담소	경기도 광명시 오리로 953	02-2619-8928	
(사)씨알여성회 부설 성폭력상담소	경기도 광주시 광주대로129번길 13	031-797-7031	www.ssialwomen.org
로뎀여성폭력상담소	경기도 광주시 용샘길 147	031-764-0577	

센터명	소재지	전화번호	web 주소
안성성교육 성폭력상담센터	경기도 안성시 서당길 39	031-676-1366	
하남YWCA부설 성폭력상담소	경기도 하남시 신장로205번길 27	031-796-1213	
고양파주여성민우회	경기도 고양시 일산동구 무궁화로 32-21	031-907-1003	goyang.womenlink.or.kr
남양주 가정과 성상담소	경기도 남양주시 사릉로 20	031-558-1366	
일산가족상담센터	경기도 고양시 일산동구 중앙로 1172	070-8954-0113	
한국성건강센터	경기도 동두천시 행선로 102	031-858-1366	
하나성폭력상담소	경기도 의정부시 부용로 95	031-852-0142	
파주성폭력상담소	경기도 파주시 와석순환로 415	031-946-2096	
양주성폭력상담소	경기도 양주시 독바위로 30-1	031-864-7545~6	www.jubilee1004.org
포천가족성상담센터	경기도 포천시 소흘읍 호국로 571	031-542-3171	www.pchsvc.com
(사)해피패밀리포천지부 성폭력상담소	경기도 포천시 중앙로119번길 20	031-531-2821	
동두천성폭력상담소	경기도 동두천시 어수로 5	031-867-3100	cafe.daum.net/tdcsvc
(사)경원사회복지회부설 여성장애인성폭력상담소	경기도 성남시 수정구 수정북로 92	031-755-2527	
의왕 장애인 성폭력상담센터	경기도 의왕시 부곡중앙남1길 34	031-462-1366	
의정부 장애인성폭력상담소	경기도 의정부시 호국로 1426	031-840-9203	www.with21.co.kr

1-15. 지역별 성폭력 상담기관 - 강원

센터명	소재지	전화번호	web 주소
춘천가정폭력 성폭력상담소	강원도 춘천시 효자로 135	033-252-1366	www.chgwsc.com
원주가정폭력 성폭력상담소	강원도 원주시 갈머리2길 31	033-765-1366	
강릉가정폭력 성폭력상담소	강원도 강릉시 강릉대로 454	033-652-9556	
동해가정폭력 성폭력상담소	강원도 동해시 중앙로 188	033-535-4943	
(사)속초여성인권센터 속초성폭력상담소	강원도 속초시 동해대로 4307	033-637-1988	womennara.gwomen.net
영월성폭력상담소	강원도 영월군 영월읍 단종로 34	033-375-1366	

1-16. 지역별 성폭력 상담기관 - 충북

센터명	소재지	전화번호	web 주소
인구보건복지 협회충북지회 부설 청주성폭력상담소	충청북도 청주시 흥덕구 내수동로 20	043-264-1366	
청주YWCA 여성종합상담소	충청북도 청주시 흥덕구 1순환로536번길 4	043-268-3008	i-web.kr/cjwomen
여성의전화 부설 청주성폭력상담소	충청북도 청주시 상당구 대성로 57	043-252-0966~8	
충주성폭력상담소	충청북도 충주시 관아1길 21	043-845-1366	
제천성폭력상담소	충청북도 제천시 내제로5길 12	043-652-0049	
청원성폭력상담소	충청북도 청주시 청원구 내수읍 내수로 737	043-214-5938	
여성장애인 성폭력상담소	충청북도 청주시 상당구 상당로26번길 15-2	043-224-9414	

1-17. 지역별 성폭력 상담기관 – 충남

센터명	소재지	전화번호	web 주소
(사)충남성폭력상담소	충청남도 천안시 동남구 중앙로 66	041-564-0026	www.cnsvc.or.kr
천안여성의전화 부설 성폭력상담소	충청남도 천안시 동남구 고재20길 12	041-561-0303	
로뎀나무상담지원센터	충청남도 공주시 신금1길 44-11	041-852-1950	rodemtree.net
(법)아산가정 성상담지원센터	충청남도 아산시 배방읍 순천향로 1060	041-546-9181 ~9191	
계룡가정상담지원센터	충청남도 계룡시 엄사면 번영2길 4-3	042-841-1072	
WE 성상담센터	충청남도 금산군 금산읍 금산로 1444	041-752-9911	
당진성상담센터	충청남도 당진시 무수동로 36	041-354-2366	www.fc21.co.kr
홍성성폭력상담소	충청남도 홍성군 홍성읍 홍장북로 480	041-634-9949	cafe.hongsung.kr/cus
부여성폭력상담소	충청남도 부여군 부여읍 사비로 32	041-837-1366	
서천성폭력상담소	충청남도 서천군 장항읍 장마로 14	041-956-8255	
대천성폭력상담소	충청남도 보령시 대천로 35	041-931-1366	
천안장애인 성폭력상담소	충청남도 천안시 서북구 두정역서5길 4	041-592-6500	www.sungpok.org
장애인성폭력 아산상담소	충청남도 아산시 번영로115번길 20-14	041-541-1514~5	

1-18. 지역별 성폭력 상담기관 - 전북

센터명	소재지	전화번호	web 주소
(사)성폭력예방치료센터 부설성폭력상담소	전라북도 전주시 완산구 인정2길 12-4	063-236-0152	
호남성폭력상담소	전라북도 전주시 덕진구 송천2길 7	063-286-1366	
전주다솜성폭력상담소	전라북도 전주시 완산구 백마산길 67-2	063-223-5683	
군산성폭력상담소	전라북도 군산시 구영7길 8	063-445-1366	gsung.hompee.com
로뎀성폭력상담소	전라북도 군산시 구영6길 70	063-445-9192	
익산성폭력상담소	전라북도 익산시 인북로 187	063-834-1366~7	
(사)성폭력예방치료센터 정읍지부 성폭력 상담소	전라북도 정읍시 충정로 273	063-531-1366	
정읍시민성폭력상담소	전라북도 정읍시 충정로 233	053-536-1369	
남원YWCA 성폭력상담소	전라북도 남원시 시청로 65	063-625-1316	
남원성폭력상담소	전라북도 남원시 요천로 1415	063-635-0712	
(사)성폭력예방치료센터 김제지부 성폭력상담소	전라북도 김제시 금성로 55-7	063-546-8366	
부안성폭력상담소	전라북도 부안군 부안읍 당산로 75-1	063-583-2929	
새벽이슬 장애인성폭력상담소	전라북도 전주시 완산구 백제대로 167	063-223-3015	www.happy1004.org

1-19. 지역별 성폭력 상담기관 – 전남

센터명	소재지	전화번호	web 주소
(사)행복누리부설 목포여성상담센터	전라남도 목포시 신흥로83번길 5	061-285-1366	
여수성폭력상담소	전라남도 여수시 어항로 6	061-666-4001	www.yshuman.or.kr
전남성폭력상담소	전라남도 순천시 서문성터길 104	061-755-8033	www.sonjabgo.or.kr
담양인권지원상담소	전라남도 담양군 담양읍 중앙로 18	061-381-1366	담양인권지원상담소.org
무안여성상담센터	전라남도 무안군 무안읍 무안로 477	061-454-1630	
해남성폭력상담소	전라남도 해남군 해남읍 북부순환로 30	061-533-9181	haenam.ijesus.net
보두마함께가는상담소	전라남도 함평군 함평읍 영수길 189	061-324-1388	
전남여성장애인연대 부설목포여성장애인 성폭력상담소	전라남도 목포시 영산로 361	061-283-4767	
나주여성상담센터	전라남도 나주시 중앙로 50	061-332-1366	

1-20. 지역별 성폭력 상담기관 – 경북

센터명	소재지	전화번호	web 주소
(사)포항여성회부설 경북여성통합상담소	경상북도 포항시 남구 송림로10번길 6-2	054-284-0404	www.phwomen.org
(사)한마음부설 한마음통합상담소	경상북도 포항시 북구 죽도로40번길 8-3	054-278-4330	www.ph1004.com
포항미래상담소	경상북도 포항시 북구 탑산길10번길 7	054-255-1192	
경주다움 성폭력상담센터	경상북도 경주시 성건동	054-777-1520	
새김천 성폭력상담소	경상북도 김천시 김천로 158	054-437-6100	

센터명	소재지	전화번호	web 주소
경북김천 성폭력상담소	경상북도 김천시 모암길 127	054-434-5452	
구미여성종합상담소	경상북도 구미시 광평길 41	054-463-1388	cafe.daum.net/gumi1388
필그림 가정복지상담소	경상북도 상주시 영남제일로 1368	054-534-5750	www.pilgrimhouse.or.kr
문경열린종합상담소	경상북도 문경시 남부3길 19	054-555-4418	
로뎀성폭력상담소	경상북도 경산시 하양읍 대경로 766	053-853-5276	
새경산성폭력상담소	경상북도 경산시 경안로 132-1	053-814-1318	
칠곡종합상담센터	경상북도 칠곡군 왜관읍 석전로 69-35	054-973-8290	www.yourzone.org
경북여성장애인 성폭력상담소	경상북도 안동시 태화중앙로 60-1	054-843-1366	
영남여성장애인 성폭력상담소	경상북도 구미시 문장로12길 18	054-481-1366	

1-21. 지역별 성폭력 상담기관 - 경남

센터명	소재지	전화번호	web 주소
동산샘 상담소	경상남도 창원시 의창구 차상로150번길 64	055-277-6868	
(사)경남여성회부설 성가족상담소	경상남도 창원시 마산합포구 오동동10길 56	055-244-9009	
진해여성의전화 부설 진해성폭력상담소	경상남도 창원시 진해구 충장로511번길 16	055-546-8322	
통영YWCA 성폭력상담소	경상남도 통영시 동충1길 4	055-648-2070	
사천성가족상담센터	경상남도 사천시 사천읍 수양로 126	055-852-9040	

센터명	소재지	전화번호	web 주소
김해여성의전화 부설 성폭력상담소	경상남도 김해시 호계로422번길 34-5	055-329-6451~3	
양산성가족상담소	경상남도 양산시 양산대로 849	055-366-6663 055-366-6620	www.sangdamso1212.or.kr
함안성폭력상담소	경상남도 함안군 가야읍 가야로 22-3	055-585-1366	
하동성가족상담소	경상남도 하동군 하동읍 섬진강대로 2222	055-884-1360	
마산여성 장애인성폭력상담소	경상남도 창원시 마산합포구 오동동10길 56	055-241-5041	

1-22. 지역별 성폭력 상담기관 – 제주

센터명	소재지	전화번호	web 주소
제주여성상담소	제주특별자치도 제주시 관덕로8길 32	064-756-4008	
제주YWCA 통합상담소	제주특별자치도 제주시 삼무로11길 3	064-748-3040	www.woman3040.or.kr
제주여성장애인상담소	제주특별자치도 제주시 복지로3길 1-4	064-753-4980	

1-23. 교통안전공단

분 류	기관명	주 소	연락처
서울	서울본부	서울 마포구 월드컵로 220	02-309-5177
인천	인천지사	인천 남동구 백범로 357	032-833-6700
경기	경인본부	경기 수원시 권선구 수인로 24	031-298-5006
강원	강원지사	강원 춘천시 동내로 10	033-261-5000
충북	충북지사	충북 청주시 흥덕구 시운로386번길 21	043-265-9575
대구	대구경북지역본부	대구 수성구 노변로 33	053-794-3814

분류	기관명	주 소	연락처
대전	중부지역본부	대전 대덕구 대덕대로1417번길 31	042-933-4323
부산	부산본부	부산 사상구 학장로 256	051-324-2463
울산	울산지사	울산 남구 번영로 90-1	052-256-9375
경남	경남지사	경남 진주시 문산읍 동진로 415	055-758-2500
광주	호남본부	광주 남구 송암로 96	062-674-0302
전북	전북지사	전북 전주시 덕진구 신행로 44	063-214-4743
제주	제주지사	제주 제주시 삼봉로 79	064-723-3111

1-24. 대한법률구조공단

분류	기관명	주 소	연락처
서울	서울중앙지부	서울 서초구 법원로 4길 17	02-3440-9503
인천	인천지부	인천 남구 소성로 171번길 대흥빌딩 7층	032-874-3374
경기	의정부지부	경기 의정부시 녹양로 41 풍전빌딩 3층	031-531-5304
강원	춘천지부	강원 춘천시 공자로 293 화남빌딩 3층	033-251-8301
대전	대전지부	대전 서구 둔산북로 121 아너스빌 3층	042-721-7000
충남	천안출장소	충남 천안시 동남구 충절로 42 경남빌딩 3층	041-563-6174
충북	청주지부	충북 청주시 흥덕구 산남로70번길 51 청주지검	043-284-7777
대구	대구지부	대구 수성구 동대구로 345 우방유쉘메디치 5층	053-743-1321
경북	영주지소	경북 영주시 대동로 167 2층	054-634-0338
부산	부산지부	부산 연제구 법원로 20 동주빌딩 2,3층	051-505-1643
울산	울산지부	울산 남구 법대로14번길 31 2층	052-257-4676
경남	창원지부	경남 창원시 성산구 창이대로689번길 4-5	055-266-3381
광주	광주지부	광주 동구 준법로 3 2층	062-224-7806
전남	나주지소	전남 나주시 시청길 22 나주시청 민원실	061-334-7805
전북	전주지부	전북 전주시 덕진구 기린대로 486-1 4층	063-432-1345
제주	제주지부	제주 제주시 중앙로 298 이튼빌딩 2층	064-753-9955

2. 개인정보 수집 · 이용 동의서

○ 개인정보 수집 · 이용 목적

- 「**상담지원카드**」는 지원단체 연계 및 신변보호, 피해회복과정 확인 등 **피해자 보호활동 업무처리를 위하여** 개인정보보호법 제15조(개인정보의 수집 · 이용)에 따라 정보주체의 동의를 얻어 활용됩니다.

※ 개인정보는 개인정보취급 목적 이외의 다른 목적으로 사용하지 않습니다.

○ 항 목

- 대상자의 성명, 주민등록번호, 주소, 연락처 등

○ 보유기간

- 상담지원카드에 기입된 정보는 최종 상담 종료 후 1년간 보관 후 폐기

○ 동의 거부권리 안내

- 본 개인정보 수집에 대한 동의를 거부하실 수 있으며, 동의하지 않을 경우 향후 지원 및 상담 등이 제한됩니다.

본인은 개인정보 처리에 관하여 고지 받았으며 이를 충분히 이해하고 동의합니다.

2015년   월   일

확인자   성 명 :   (인)

3. 「필수 사건」대상 범죄 범위 1부

연 번	죄명 (죄종)	적용법조	
		형 법	특별법
1	살인	제250조(살인) 제251조(영아살해) 제252조(촉탁살인) 제253조(위계, 위력 살인) 제254조(미수범) 제255조(예비, 음모) 제259조(상해치사) 제264조(폭행치사)	
2	강도	제333조(강도) 제334조(특수강도) 제335조(준강도) 제336조(인질강도) 제337조(강도상해, 치사) 제338조(강도살인, 치사) 제339조(강도강간) 제340조(해상강도) 제341조(상습 강도) 제342조(미수범) 제343조(예비, 음모)	특정범죄 가중처벌 등에 관한 법률 제5조의 4(상습강도· 절도죄 등의 가중처벌)
3	방화	제164조(현주건조물등방화) 제172조(폭발성문건파열) 제172조의2(가스·전기등방류) 제173조(가스·전기등 공급방해) 제174조(미수범) 제175조(예비, 음모)	
4	중상해	제258조(중상해, 존속중상해)	
5	체포 · 감금	제287조(체포, 감금, 존속체포, 존속 감금) 제277조(중체포, 중감금, 존속중체포, 존속중감금) 제278조(특수체포, 특수감금) 제279조(상습범) 제280조(미수범) 제281조(체포·감금 등의 치사상)	

연 번	죄명 (죄종)	적용법조	
		형 법	특별법
6	약취 · 유인	제287조(미성년자의 약취, 유인) 제288조(추행 등 목적 약취, 유인 등) 제289조(인신매매) 제290조(약취, 유인, 매매, 이송 등 상해·치상) 제291조(약취, 유인, 매매, 이송 등 살인·치사) 제294조(미수범) 제296조(예비, 음모)	특정범죄 가중처벌 등에 관한 법률 제5조의 2 (약취·유인죄의 가중처벌)
7	교통사고 사망 중상해	※ 교통사고 중상해(피해자지원카드) : 신체불구나 영구장애 등으로 8주 진단 + 1주 입원	교통사고처리특례법 특정범죄 가중처벌 등에 관한 법률 제5조의 3 (도주차량 운전자의 가중처벌)

4. 상담지원카드

		결재	부청문 감사관	청문 감사관

상담번호 15-						
상담일시			**상담방법**	전화, 대면 등	**상담자**	
피해자	이 름			주민번호		–
	연락처			전화번호		
	주 소					
	기 타	※ 외국인, 장애 여부 등 특이사항 기재				
피해내용	※ 피해일시·장소·유형, 사건경위 등					
피해자 요청사항						
상담및 지원내용	※ 안내사항 및 지원 단체·기관 연계, CARE 요원 연계 등 지원 내용을 모두 기재					
신변보호 조치관련	※ 동행, 순찰 강화 요청, 임시숙소 안내, 신변보호심의회 회부 등 조치를 한 경우 기재					

상담일시		상담방법	
상담내용 (회차)	※ 초기상담 후 추가상담 시 작성		
추가 지원내용			

지원결과			
확인일시		확인 방법	※ 피해자 본인, 연계 기관 등
내용	※ 피해자 지원 현황 및 지원결과 내용 기재		

상담종결	
종결 사유	※ 피해자 종결 요청/ 상담 및 지원 완료 등
	2015... 담당자 (인)

5. 해부학적 그림(여아, 성인남성)

5-1. 해부학적 그림(여아)

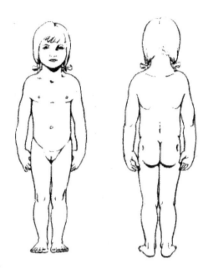

출처: http://www.micats.org/Downloads/Anatomical%20Drawings/AnatomicalDrawings.html

5-2. 해부학적 그림(성인 남성)

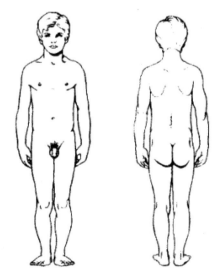

출처: http://www.micats.org/Downloads/Anatomical%20Drawings/AnatomicalDrawings.html

6. 진술조력 각종서식

6-1. 자격 부여 대장

<table>
<tr><th colspan="6" style="text-align:center">자 격 부 여 대 장</th></tr>
<tr><td>자격번호</td><td></td><td>자격취득
연월일</td><td></td><td rowspan="2">사진

(3cm×4cm)</td></tr>
<tr><td>성명</td><td></td><td>생년월일</td><td></td></tr>
<tr><td>주소</td><td colspan="3">(전화번호 :   )</td></tr>
<tr><td>전문분야</td><td colspan="4"></td></tr>
<tr><td rowspan="4">자격근거</td><td>최종학력</td><td colspan="3">년   월   일
대학(대학원)   과 졸업</td></tr>
<tr><td>학위</td><td colspan="3"></td></tr>
<tr><td>교육기간</td><td colspan="3">년   월   일부터   년   월   일까지
(년   개월)</td></tr>
<tr><td>교육기관</td><td colspan="3"></td></tr>
<tr><td rowspan="9">관련면허
(자격)</td><td>종별</td><td>번호</td><td>취득연월일</td><td>시험합격일</td><td>합격번호</td></tr>
<tr><td></td><td></td><td></td><td></td><td></td></tr>
<tr><td></td><td></td><td></td><td></td><td></td></tr>
<tr><td></td><td></td><td></td><td></td><td></td></tr>
<tr><td></td><td></td><td></td><td></td><td></td></tr>
<tr><td></td><td></td><td></td><td></td><td></td></tr>
<tr><td></td><td></td><td></td><td></td><td></td></tr>
<tr><td></td><td></td><td></td><td></td><td></td></tr>
<tr><td></td><td></td><td></td><td></td><td></td></tr>
</table>

210mm×297mm[백상지 80g/㎡(재활용품)]

6-2. 진술조력인 자격증

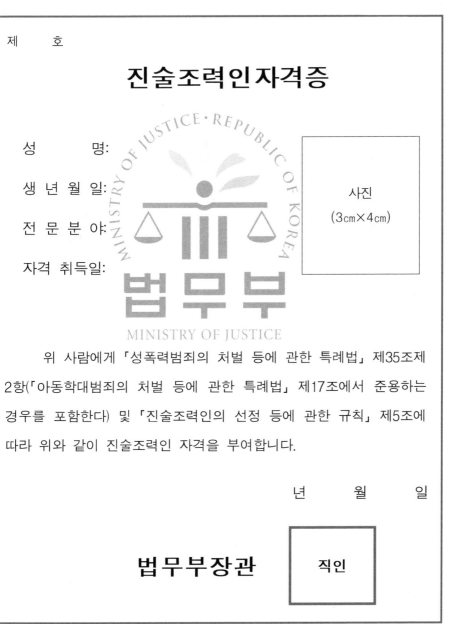

제   호

진술조력인자격증

성   명:

생 년 월 일:

전 문 분 야:

자격 취득일:

사진

(3cm×4cm)

　 위 사람에게 「성폭력범죄의 처벌 등에 관한 특례법」 제35조제
2항(「아동학대범죄의 처벌 등에 관한 특례법」 제17조에서 준용하는
경우를 포함한다) 및 「진술조력인의 선정 등에 관한 규칙」 제5조에
따라 위와 같이 진술조력인 자격을 부여합니다.

년   월   일

법무부장관

직인

비고: 1. 자격증 발급명의 날인은 관인(전자이미지 관인을 포함)으로 한다.
　　 2. 전자이미지 관인을 사용하는 경우에는 위조·변조를 방지하기 위하여 전자서명값 및 원본대
　　　 조란을 추가하는 전자적 처리를 하여야 한다.

210mm×297mm[백상지 120g/㎡]

6-3. 진술조력인명부

(년도) 진술조력인명부

순번	성명	생년월일	전문분야	자격번호 (자격 취득일)	전화 및 팩스 번호	주소	자격 변경사항

297mm×210mm[백상지 80g/㎡(재활용품)]

6-4. 진술조력인 선정서

진술조력인선정서

　「성폭력범죄의 처벌 등에 관한 특례법」제36조제1항(「아동학대범죄의 처벌 등에 관한 특례법」제17조에서 준용하는 경우를 포함한다) 및 「진술조력인의 선정 등에 관한 규칙」제13조제1항에 따라 피해자 또는 피해아동 ○○○(가명)에 대한 조사·검증 과정에서 아래와 같이 ○○○을 진술조력인으로 선정합니다.

성　　　　명:

자 격 번 호:

20 .　　.　　.

○○지방검찰청 (또는 ○○경찰서)

(직 급) ○　○　○ (서명 또는 인)

210mm×297mm[백상지 80g/㎡(재활용품)]

6-5. 진술조력인 선정 신청서

진술조력인선정신청서

수　신: ○○지방검찰청 검사장(○○경찰서장)

　「성폭력범죄의 처벌 등에 관한 특례법」 제36조제1항(「아동학대범죄의 처벌 등에 관한 특례법」 제17조에서 준용하는 경우를 포함한다) 및 「진술조력인의 선정 등에 관한 규칙」 제13조제3항에 따라 피해자 또는 피해아동 ○○○(가명)에 대한 조사·검증 과정에 아래와 같이　진술조력인의 선정을 신청합니다.

신청인	성　　　명	
	생 년 월 일	
	피해자(피해아동) 와의 관계	
신 청 사 유		

※ 소명자료 별첨

20　.　.　.

신청인 ○　○　○ (서명 또는 인)

210mm×297mm[백상지 80g/㎡(재활용품)]

6-6. 고지서

고 지 서

「성폭력범죄의 처벌 등에 관한 특례법」 제36조제2항·제5

항(「아동학대범죄의 처벌 등에 관한 특례법」 제17조에서 준용

하는 경우를 포함한다) 및 「진술조력인의 선정 등에 관한 규칙」

제13조제4항에 따라 피해자·피해아동, 그 법정대리인 또는 변

호사에게 피해자 또는 피해아동 ○○○(가명)에 대한 조사·검증

과정에서 진술조력인에 의한 의사소통의 중개나 보조를 신청할

수 있음을 고지합니다.

20 . . .

○○지방검찰청 (○○경찰서)

(직 급) ○ ○ ○ (인)

210mm×297mm[백상지 80g/㎡(재활용품)]

6-7. 확인서

확 인 서

본인은 「성폭력범죄의 처벌 등에 관한 특례법」 제36조제2항·

제5항(「아동학대범죄의 처벌 등에 관한 특례법」 제17조에서 준용

하는 경우를 포함한다) 및 「진술조력인의 선정 등에 관한 규칙」

제13조제4항에 따라 피해자 또는 피해아동 ○○○(가명)에 대한

조사·검증 과정에서 진술조력인에 의한 의사소통의 중개나 보조

를 신청할 수 있음을 고지받았음을 확인합니다.

20 . . .

피해자 또는 피해아동과의 관계: (   )

○ ○ ○ (서명 또는 인)

6-8. 사유서

사 유 서

 본인은 다음과 같은 이유로 본 사건의 진술조력인 역할을 사임하고자
합니다.

- 다 음 -

신청인	성 명	
	자격번호	
	피해자	
신 청 사 유		

※ 소명자료 별첨

20 . . .

○ ○ ○ (인)

210mm×297mm 일반용지 70g/㎡

6-9. 진술조력인 선정 취소 신청서

진술조력인 선정 취소 신청서

 본인은 [성폭력범죄 등 사건의 심리·재판의 증인신문 및 피해자 보호에 관한 규칙 전부개정 규칙안] 제 19조에 의거하여 다음과 같은 사유로 진술조력인 선정을 취소합니다.

- 다 음 -

신 청 인	성 명	
	주민번호	
	피해자와의관계	
진술 조력인	성 명	
신 청 사 유		

20 . . .

○ ○ ○ (인)

210mm×297mm 일반용지 70g/㎡

7. 검증된 장애 치료 방법

장애	대표적인 치료법	치료 효과를 지지하는 연구
불안과 스트레스	광장공포증을 동반하거나 동반하지 않는 공황장애를 위한 인지행동치료	Barlow, Craske, Cerny, and Klosko (1989) Clak et al. (1994)
	범불안장애를 위한 인지행동치료	Butler and Booth (1991) York, Borkovec, Vasey, and Stern (1987)
	광장공포증을 위한 노출치료	Trull, Nietzel, and Main (1988)
	특정공포증을 위한 노출/안내된 숙련	Bandura (1969) Ost, Fellenius, and Sterner (1991)
	강박장애에 대한 노출과 반응방지	van Balkom et all. (1994)
	스트레스 요인 대처를 위한 스트레스 예방훈련	Saunders et al. (1996)
우울증	우울증을 위한 행동치료	Jacobson et al. (1996) McLean and Hakstian (1979)
	우울증을 위한 인지치료	Dobson (1989) DiMascio et al. (1979)
	우울증을 위한 대인관계치료	Elkin et al. (1989)
건강 문제	두통을 위한 행동치료	Blanchard, Andrasik, Ahles, Teders, and O'Keefe (1980) Holroyd and Penzien (1990)
	폭식증을 위한 인지행동치료	Agras, Schneider, Arnow, Raeburn, and Telch (1989) Thackwray, Smith, Bodfish, and Meyers (1993)
	류머티즘 통증에 관한 다요인 인지행동치료	Keefe et al. (1990) Parker et al. (1988)
	금연중 재발 방지를 위한 다요인 인지행동치료	Hill, Rigdon, and Johnson (1993) Stevens and Hollis (1989)
아동기 문제	아동들의 반항적 행동을 위한 부모훈련 프로그램	Walter and Gilmore (1973) Wells and Egan (1998)
	유뇨증을 위한 행동 수정	Houts, Berman, and Abramson (1994)
부부간의 불화	행동적 부부치료	Azrin et al. (1980) Jacobson and Follette (1985)

장애	대표적인 치료법	치료 효과를 지지하는 연구
성기능장애	남성 발기불능과 여성 오르가즘 불능을 위한 행동치료	LoPiccolo and Stock (1986) Auerbach and Kilmann (1977)
불안	공황장애를 위한 응용이완법	Ost (1998)
	범불안장애를 위한 응용이완법	Barlow, Rapee, and Brown (1992) Borkovec and Costello (1993)
	사회공포증을 위한 인지행동치료	Heimberg et al. (1990) Feske and Chambless (1995)
	OCD를 위한 인지치료	Van Oppen et al. (1995)
	광장공포증치료를 위한 노출치료와 커플 의사소통훈련 병행	Arnow, Taylor, Agras, and Telch (1985)
	PTSD를 위한 노출치료	Foa, Feske, Murdock, Kozak, and McCarthy (1991) Keane, Fairbank, Caddell, and Zimering (1989)
	사회공포증을 위한 노출치료	Feske and Chambless (1995)
	PTSD를 위한 스트레스 예방훈련	Foa, Rothbaum, Biggs, and Murdock (1991)
	강박장애를 위한 재발방지 프로그램	Hiss, Foa, and Kozak (1994)
	동물 공포증을 위한 체계적 둔감법	Kirsch, Tennen, Wickless, Saccone, and Cody (1983) Ost (1978)
	발표불안을 위한 체계적 둔감법	Kirsch et al. (1983) Ost (1978)
	사회불안을 위한 체계적 둔감법	Paul and Shannon (1996)
약물남용과 의존성	코카인 남용에 대한 행동치료	Higgins and Budney (1993)
	아편 의존을 위한 단기역동치료	Woody, McLellan, Luborsky, and O'Brien (1990)
	코카인 의존을 위한 재발방지 인지행동치료	Ball, Carroll, and Rounsaville (1994)
	아편 의존을 위한 인지치료	Woody et al. (1990)
	공황장애 환자의 벤조다이아제핀 금단을 위한 인지행동치료	Ball, Otto, Pollack, and Rosenbaum (1994) Spiegel et al. (1993)
	알코올 의존을 위한 공동체 강화 접근	Azrin (1976) Hunt and Azrin (1973)

장애	대표적인 치료법	치료 효과를 지지하는 연구
약물남용과 의존성	알코올 의존을 위한 입원치료 치료와 단서 노출 치료 병행	Drummond and Glautier (1994)
	혼재된 알코올 남용과 의존을 위한 Project CALM(행동적 부부치료+ disulfiram [술이 싫어지는 약])	O'Farrell, Cutter, and Floyd (1985) O'Farrell, Cutter, and Floyd and Bayog (1992)
	알코올 의존을 위한 입원치료와 사회적 기술 훈련 병행	Eriksen, Bjornstad, and Gotestam (1986)
우울증	단기역동치료	Gallagher-Thompson and Steffen (1994)
	노인 환자들을 위한 인지치료	Scogin and McElreath (1994)
	노인 환자들을 위한 회상치료	Arean et al. (1993) Scogin and McElreath (1994)
	자기통제 치료	Fuchs and Rehm (1977) Rehm, Fuchs, Roth, Kornblith, and Romano (1979)
건강 문제	소아비만을 위한 행동치료	Epstein, Valoski, Wing, and McCurley (1994) Wheeler and Hess (1976)
	폭식행동를 위한 인지행동치료	Telch, Agras, Rossiter, Wilfley, and Kenardy (1990) Wilfley et al. (1993)
	만성통증을 위한 물리치료와 인지행동치료 병행	Nicholas, Wilson, and Goyen (1991)
	만성요통환자를 위한 인지행동치료	Turner and Clancy (1988)
	만성통증에 대한 EMG 바이오피드백	Flor and Birbaumer (1993) Spence, Sharpe, Newton-John, and Champion (1995)
	비만을 위한 인지행동치료와 최면 병행	Bolocofsky, Coulthard-Morris, and Spinier (1984)
	신경성 폭식증를 위한 대인관계치료	Wilfley et al. (1993)
	폭식증을 위한 대인관계치료	Fairburn, Jones, Peveler, Hope, and O'Connor (1993)
	과민성 대장 증후군을 위한 다요인 인지치료	Lynch and Zamble (1989)
	겸상적혈구 고통을 다루기 위한 다요인 인지행동치료	Gil, Williams, Keefe, and Beckham (1996)

장애	대표적인 치료법	치료 효과를 지지하는 연구
건강 문제	만성통증을 위한 다요인 조작적 행동치료	Turner and Clancy (1998) Turner, Clancy, McQuade, and Cardenas (1990)
	금연을 위한 다요인 행동치료와 예정된 감소 흡연기법 병행	Cinciripini et al. (1994) Cinciripini et al. (1995)
	레이노(Raynaud) 증후군을 위한 온도바이오피드백	Freedman, Ianni, and Wenig (1983)
	편두통을 위한 자율 이완 훈련과 온도바이오피드백 병행	Blanchard, Theobald, Williamson, Silver, and Brown (1978) Sargent, Solbach, Coyne, Spohn, and Segerson (1986)
부부 불화	정서 초점 부부치료 직관 중심 부부치료	Johnson and Greenberg (1985) Snyder and Wills (1989) Snyder, Wills, and Grady-Fletcher (1991)
아동기 문제	유분증을 위한 행동 수정	O'Brien, Ross, and Christophersen (1986)
	불안한 아동을 위한 인지행동치료 (과불안, 분리불안, 회피장애)	Kendall (1994) Kendall et al. (1997)
	단순공포증을 위한 노출치료	Menzies and Clarke (1993)
	불안장애를 위한 가족불안관리훈련	Barrett et al. (in press)
성기능장애	여성 성욕감퇴를 위한 Hurlbert's의 연합치료 접근	Hurlbert, White, Powell, and Apt (1993)
	여성의 오르가슴 불능을 위한 Masters and Johnson의 성치료	Everaerd and Dekker (1981)
	여성의 성욕감퇴를 위한 Zimmer의 연합된 성치료와 부부치료	Zimmer (1987)
기타 장애들	성범죄자를 위한 행동수정	Marshall, Jones, Ward, Johnston, and Barbaree (1991)
	경계선 성격장애를 위한 변증법적 행동치료	Linehan, Armstrong, Suarez, Allmon, and Heard (1991)
	조현병을 위한 가족개입	Falloon and Pederson (1985) Randolph et al. (1994)
	습관 반전과 통제기법	Azrin, Nunn, and Frantz (1980) Azrin, Nunn, and Frantz-Renshaw (1980)

장애	대표적인 치료법	치료 효과를 지지하는 연구
기타 장애들	조현병 환자의 사회적응 향상을 위한 사회기술훈련	Marder et al. (1996)
	중증 정신장애 환자를 위한 고용지원	Drake, Mueser, Clark, and Wallach (1996)

공저자약력

김 동 혁

경일대학교 경찰행정학부 교수

경찰대학교 법학 학사
서울대학교 법학 석사
서울대학교 법학 박사

現 경일대 범죄피해연구소장
現 지방대학 특성화 사업 범죄피해
   케어전문가 양성사업단장

임 낭 연

경일대학교 심리치료학과 교수

연세대학교 심리학 학사
연세대학교 사회 및 성격 심리학 석사
연세대학교 사회 및 성격 심리학 박사

現 사회 및 성격 심리학회 편집위원
現 지방대학 특성화 사업 범죄피해
   케어전문가 양성사업단 참여교수
前 연세대학교 인간행동연구소 연구원

2015년 한국심리학회 김재일 소장학자
논문상 수상

범죄피해 진술조력

초판발행	2018년 9월 22일
공저자	김동혁 · 임낭연
펴낸이	안종만
편 집	조보나
기획/마케팅	정성혁
표지디자인	조아라
제 작	우인도 · 고철민
펴낸곳	(주) **박영사**
	서울특별시 종로구 새문안로3길 36, 1601
	등록 1959. 3. 11. 제300–1959–1호(倫)
전 화	02)733–6771
f a x	02)736–4818
e-mail	pys@pybook.co.kr
homepage	www.pybook.co.kr
ISBN	979-11-303-0641-4 93350

* 잘못된 책은 바꿔드립니다. 본서의 무단복제행위를 금합니다.
* 저자와 협의하여 인지첩부를 생략합니다.

정 가   19,000원